Dr.Gab's

Dr.Gab's

FOOD & BEER

LA CUISINE À LA BIÈRE POUR LES BONS VIVANTS

FAVRE

POURQUOI CE LIVRE ?

Une bière, c'est bien plus qu'une boisson à siroter entre amis lors d'un apéro ou pour accompagner vos barbecues de l'été. C'est un véritable trésor gustatif qui se décline en une farandole d'arômes et de couleurs. Chez Dr. Gab's, nous sommes décidés à lui accorder une place à notre table, bien au-delà d'un simple verre levé pour trinquer (même si, soyons honnêtes, on adore aussi partager une bonne blonde avec une grillade ou refaire le monde en compagnie d'une ambrée). Avec ce livre, notre objectif est de vous faire découvrir le monde de goûts, de textures et de subtilités qui se cache derrière chaque mousse, afin que vous puissiez transformer vos plats en des créations uniques et surprenantes. C'est pourquoi nous avons demandé aux chefs et restaurateurs avec qui nous collaborons au quotidien et qui partagent nos passions pour la bière et la cuisine de nous concocter des recettes en y intégrant nos produits. Chacun d'eux a déployé talent et goût pour proposer le meilleur à vos papilles grâce à une créativité débordante et une audace qui insufflent à chaque plat un vent de fraîcheur et de goûts!

Et soyons francs, pour nous qui sommes un peu (beaucoup!) gourmands, imaginer, tester et savourer ces plats a été un véritable plaisir, un voyage de découvertes gustatives que nous sommes impatients de vous partager. Alors, plongez dans ces pages, laissez-vous emporter par l'univers de la bière autrement, et préparez-vous à être surpris et à vous régaler!

Sommaire

BRUNCH DOMINICAL 12-23

Gaufres croquantes au chocolat noir	14
Tarte aux pommes et au caramel	16
Œuf poché à la Chameau	18
Chou-fleur pané au zaatar	20
Tarte Tatin aux oignons	22

APÉROS DÉTENTE 28-59

Mezcal IPA	30
Le Myrtillorean	32
Poire IPA	34
Amber tiki	36
L'effet 0.0	38
Arancinis du Vully	40
Beignets de légumes	42
Croquants de fondue	44
Scotch egg au jalapeño	46
Tenders de poulet	48
Trio de sauces	50
Mini tourtes au bœuf	52
Trempette aux épinards	54
Trio d'apéritifs	56

LUNCHS RAPIDES 64-83

Salade de féra fumée du lac	66
Cocotte rustique de lentilles	68
Bao burger teriyaki	70
Burger à l'effiloché de poulet	72
Cheeseburger aux oignons caramélisés	74
Crêpes de feuilles de riz aux légumes	76
Salade de patate douce	78
Pâtes carbonara romaine	80
Saumon gravlax	82

SOUPERS RAFFINÉS 88-117

Gratin dauphinois et sa gremolata	90
Gnocchis à la butternut	92
Jarret de veau braisé à la Chameau	94
Pulled pork à la SWAF et au vin cuit	96
Ravioles aux palourdes	98
Fondue à la Tempête	100
Haut de cuisse de volaille sauce sûpreme	102
Capuns traditionnels à la viande séchée	104
Bœuf Wellington	106
Carbonade végétale	108
Filet d'agneau en robe d'épinards	110
Poulpe au four	112
Tomahawk au bacon et confiture à la Chameau	114
Pain à la bière	116

DESSERTS GOURMANDS 122-135

Mousse au chocolat à la Ténébreuse	124
Verrine aux pommes	126
Crumble aux poires	128
Pudding collant au toffee et à la Ténébreuse	130
Crème brûlée à la Houleuse	132
Gâteau à la vapeur à la purée d'oléagineux	134

LES STYLES DE BIÈRES

Il existe une infinité de bières, nées de combinaisons sans fin de malts, houblons, levures et savoir-faire. Des plus douces aux plus audacieuses, chaque bière ouvre une nouvelle porte sur le goût. Rien n'est figé, tout est possible. C'est ça, la magie du brassage.

BLONDE DE SOIF

La blonde est une bière à la robe claire (elle porte bien son nom) qui décline toute sa subtilité dans ses reflets dorés. C'est souvent une bière bien équilibrée et accessible qui mise sur l'équilibre entre la douceur du malt et une légère amertume. Jamais fade pour autant, la blonde c'est la bière fidèle, celle qui met tout le monde d'accord, de l'apéro à la dernière gorgée !

NEIPA

Jeune cousine de l'IPA, la NEIPA (New England India Pale Ale) réinvente les standards de la famille. Trouble, non filtrée, cette ale joue sur l'utilisation d'insolentes quantités de houblons aromatiques développant des notes fruitées, florales, herbacées ou d'agrumes, sans l'amertume franche typique des IPA classiques. Enfin, un style d'exportation qui mérite de revenir en Europe !

BLANCHE (BIÈRE DE BLÉ)

La bière blanche est légère et pleine de fraîcheur. Moins amère que la plupart de ses cousines, elle chatouille les papilles avec des notes d'agrumes et d'épices, notamment d'écorces d'orange et de coriandre (mais promis, pour ceux qui ne peuvent pas supporter cette plante, ça ne ressort pas dans toutes les blanches). Le blé qui est utilisé dans sa fabrication lui offre sa robe trouble si reconnaissable.

IPA

La IPA (India Pale Ale) est une véritable explosion de houblon dans un verre ! Plus amère et aromatique que la plupart des bières, elle met en avant des notes agrumées, fruitées ou parfois même tropicales. Probablement l'un des styles les plus populaires (et les plus complexes) du monde de la bière, sa richesse aromatique et sa complexité lui donnent une certaine audace reconnaissable entre mille !

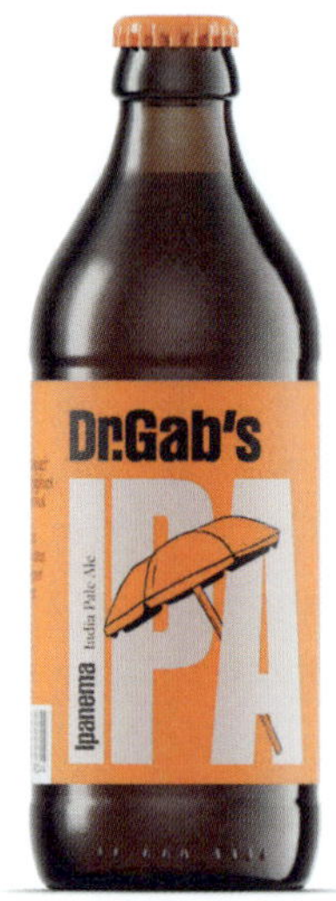

STOUT

Avec sa couleur d'un noir profond si particulier, la Stout nous réserve des arômes de café torréfié, de chocolat noir et même de caramel (promis, on ne s'est pas transformés en barista et on parle bien de bière). Brassée avec des malts foncés, elle est crémeuse, presque onctueuse, et propose une véritable expérience gustative aussi réconfortante qu'un bon chocolat chaud.

PALE ALE

Avec sa couleur dorée, légèrement ambrée, la Pale Ale cache une amertume bien dosée et des arômes floraux ou fruités. Brassée avec des houblons généreux, elle sait équilibrer les notes maltées avec une touche de fraîcheur. Souvent plus légère qu'une IPA, mais tout aussi savoureuse, elle allie malt et houblon en une belle harmonie ce qui fait d'elle une bière très accessible.

TRIPLE

Originaire de Belgique (et on connaît le savoir-faire des Belges en la matière), la Triple contient trois fois plus de malts pour trois fois plus de caractère. Elle allie parfaitement chaleur alcoolisée, douceur sucrée et amertume discrète. En bouche elle est ronde et offre des arômes fruités, épicés, parfois un brin levuré avec une note finale légèrement amère.

AMBRÉE

Robe cuivrée, reflets chauds, les bières ambrées sentent bon le caramel, le toffee et les fruits secs. En bouche, c'est rond, chaleureux, mais sans mollesse : une amertume discrète vient équilibrer le tout. Ni trop sucrée, ni trop amère, juste ce qu'il faut pour une dégustation riche, pleine et réconfortante.

ALE VS LAGER

Il existe deux familles de styles de bières que nous pouvons différencier principalement par leur fermentation. Les Ales fermentent à une température plus élevée avec des levures de surface, ce qui leur donne un arôme fruité et épicé. Alors que les Lagers, qui fermentent à une température plus basse et avec des levures de fond, sont une bière plus légère et rafraîchissante, parfaite pour les jours de fortes chaleurs (des bières de SWAF!)

LES 10 ÉTAPES DE BRASSAGE

Brasser de la bière, c'est avant tout l'envie de créer. Chez Dr. Gab's, on cultive cette passion depuis le début: transformer des ingrédients simples en bières pleines de caractère. Derrière chaque gorgée, il y a une idée bien pensée, un vrai travail d'équipe, et une attention portée à chaque détail.

Le brassage, c'est un savoir-faire précis, mais aussi un terrain d'expression. On explore les styles, on cherche l'équilibre, on joue sur les arômes, sans jamais perdre de vue ce qui fait une bonne bière: du goût, de la fraîcheur, et l'envie d'y revenir. Chaque étape compte, chaque geste a son importance. On avance avec sérieux, mais toujours dans un esprit de curiosité et de plaisir.

Brasser, c'est faire le lien entre le geste artisanal et le plaisir de la dégustation. C'est offrir une bière juste, expressive, fidèle à son style et à son époque. Une bière qui accompagne un repas, une discussion, une pause. Une bière qui a du goût, et qui a du sens.

Et derrière ce goût, il y a tout un monde: celui de l'agriculture, du temps, des matières premières qu'on respecte. Chaque cuvée raconte quelque chose du territoire, de la saison, de l'inspiration du moment. Boire une bière, c'est aussi se connecter à tout ce qu'il a fallu rassembler pour qu'elle existe.

RECETTE 01

Parce qu'il n'y a pas qu'en pâtisserie qu'il faut faire attention aux températures et aux quantités, nous commençons tout d'abord par établir notre recette. Nous avons en tête des couleurs et des arômes bien précis (afin de vous proposer un défilé coloré sur les papilles et en bouteille).

CONCASSAGE 02

Quand notre recette est prête, nous pouvons passer au concassage du malt afin de libérer ses arômes. Attention à ne surtout pas le broyer trop finement ou, au contraire, pas assez. Il faut réussir à trouver le parfait équilibre pour le meilleur brassage possible !

BRASSAGE 03

Notre malt concassé peut enfin être acheminé vers une cuve d'empâtage où il est mélangé à de l'eau pour former un mélange pâteux appelé la maïsche (et non le moût, mais nous allons y venir). C'est cette pâte que nous brassons et chauffons ensuite à différentes températures afin que les enzymes dans le malt puissent scinder les chaînes d'amidons en sucres (d'où l'intérêt de bien suivre les cours de chimie à l'école !).

FILTRATION 04

La maïsche voyage dans une nouvelle cuve qui va nous permettre de séparer tous les restes des grains (les drêches, mais nous le verrons plus tard, chez Dr. Gab's nous faisons attention à bien recycler nos déchets) du moût (le voilà donc !). Il faut plusieurs rinçages pour en récolter le maximum.

ÉBULLITION ET HOUBLONNAGE 05

Maintenant que nous avons notre moût, il est temps de le transvaser dans une nouvelle cuve pour le porter à ébullition et y ajouter toutes sortes de houblons selon l'amertume que nous souhaitons lui apporter (d'où l'importance de bien avoir préparé sa recette à l'avance).

WHIRLPOOL 06

Le moût houblonné est ensuite envoyé dans le whirlpool, un tourbillon très puissant qui utilise la force centripète (après la chimie, un peu de physique) pour regrouper le houblon au centre de la cuve. C'est aussi le bon moment pour ajouter notre houblon aromatique qui viendra chatouiller vos papilles de ses arômes.

REFROIDISSEMENT 07

Notre moût encore bouillant doit désormais passer à l'étape de refroidissement et descendre à une température d'environ 20°C. L'eau froide que nous utilisons pour cette étape ressort chaude et est alors récupérée pour une prochaine production. Pas de gâchis chez nous !

FERMENTATION 08

C'est le moment d'utiliser un peu de magie (ou de microbiologie) pour notre mélange en l'acheminant jusqu'à un fermenteur et en y ajoutant de la levure. Ces champignons adorent le sucre qu'ils consomment dans le moût pour les transformer en alcool et en gaz carbonique. C'est un processus un peu plus long qui dure environ une semaine à différentes températures selon la fermentation désirée.

GARDE 09

Maintenant que nos petites levures ont bien fait leur job, la température de la cave est abaissée entre 0 et 2°C durant 2 à 4 semaines (même si, pour certaines bières, ça peut durer encore plus longtemps). C'est ce qu'on nomme la garde, une étape primordiale pour clarifier et maturer nos bières.

CONDITIONNEMENT 10

Dernière étape avant la mise en bouteille, en canette ou en fût : une ultime clarification de nos bières dans une centrifugeuse (pas trop pour la Houleuse afin de garder le trouble d'une bière blanche). Et enfin, nos bières sont prêtes à être dégustées ! Vous prendrez bien une SWAF tout juste embouteillée ?

BRUNCH DOMINICAL

Gaufres croquantes au chocolat noir
Tarte aux pommes et au caramel
Œuf poché à la Chameau
Chou-fleur pané au zaatar
Tarte Tatin aux oignons

BRUNCH DOMINICAL

GAUFRES CROQUANTES AU CHOCOLAT NOIR

Des gaufres moelleuses, une touche de chocolat noir intense et fondant : réconfortantes et généreuses, elles sont idéales pour accompagner une bière aux notes torréfiées ou légèrement amères.

INGRÉDIENTS

6 PERS.

250 g de farine
120 g de beurre
10 cl de lait
20 g de sucre
1 sachet de levure
1 œuf
1 pincée de sel
200 g de chocolat
100 g de sucre perlé ou pépites de chocolat

INSTRUCTIONS

01 h. repos | 05 min. cuiss. | 20 min. prép.

Dans un saladier, mélangez la farine, la levure et le sel. Ajoutez l'œuf préalablement battu avec le sucre et le lait. Fouettez jusqu'à obtenir un mélange homogène. Ajoutez petit à petit le beurre mou en petits cubes. Si la pâte colle trop, vous pouvez ajouter une cuillère à soupe de farine.

Laissez lever 1 h à température ambiante avec un torchon propre sur le dessus.

Dégazez la pâte, c'est-à-dire enlevez le gaz formé dans la pâte par la levure et ajoutez le sucre perlé (ou les pépites de chocolat pour les plus gourmands !).

Formez environ dix boules de 60 g. Faites cuire dans un gaufrier. En parallèle, faites fondre le chocolat au bain-marie puis une fois la gaufre cuite, enrobez une face de chocolat.

Laissez le chocolat durcir au frigo et dégustez (avec une Ténébreuse ou du thé) !

ANECDOTE

Nées au XVIIIe siècle à Liège, ces gaufres étaient un caprice princier: un cuisinier les aurait créées sur demande avec du sucre perlé. Aujourd'hui, elles se parent de chocolat noir, ajoutant une touche décadente à ce plaisir royal devenu incontournable dans les rues belges.

TARTE AUX POMMES ET AU CARAMEL

Une tarte intemporelle qui sent bon les repas en famille. Inspirée par les vergers de notre pays, cette tarte généreuse est encore meilleure avec des pommes locales (caramélisées à souhait). Simple, authentique et délicieusement réconfortante.

INGRÉDIENTS

4 PERS.

Caramel maison

50 cl de Crafty (cidre de pomme)
50 g + 4 c. à s. de sucre en poudre
25 g + 4 c. à c. de beurre
10 cl de crème liquide
1 pincée de fleur de sel

Tarte aux pommes

1 pâte feuilletée
8 pommes de Collex
1 c. à s. de sucre glace
20 cl de crème double bien froide

INSTRUCTIONS

15 min. cuiss. | 15 min. prep.

Le caramel maison

Versez le cidre dans une casserole et faites réduire.
Faites fondre les 50 g de sucre dans une autre casserole pour faire un caramel blond. Quand la consistance du cidre devient sirupeuse mais encore assez liquide, versez dans le caramel. Incorporez 25 g de beurre froid coupé en cubes. Chauffez la crème liquide, incorporez-la au caramel en fouettant. Ajoutez une pincée de fleur de sel.

La tarte aux pommes

Préchauffez le four à 180°C, puis étalez la pâte feuilletée sur une plaque allant au four. Posez un papier cuisson sur la pâte puis posez une seconde plaque dessus. Enfournez pendant 20 min.

Sortez la pâte, lorsqu'elle commence à être dorée (mais qu'elle n'est pas encore tout à fait cuite). Saupoudrez de sucre glace et remettez au four (sans le papier et la plaque dessus) pour faire caraméliser la pâte pendant 5 à 10 min. Pendant ce temps, épluchez les pommes, coupez-les en deux et retirez les pépins en conservant les demi-pommes intactes. Placez les pommes côté bombé sur le dessous dans un plat allant au four.

Posez une noisette de beurre sur chaque morceau de pomme et placez-les sur une plaque puis enfournez durant 15 min. Sortez les pommes, saupoudrez de sucre et remettez au four pendant 5 min supplémentaires. Écrasez 6 demi-pommes à la fourchette pour faire une compote grossière. Fouettez la crème double en chantilly.

Le dressage

Déposez quelques cuillères de compote de pommes sur les cercles de pâte et étalez-en une fine couche. Mettez les demi-pommes restantes sur le dessus de la compote. Versez le caramel en filet sur la tarte.

Servez ce dessert avec une belle quenelle de chantilly de crème double.

ŒUF POCHÉ À LA CHAMEAU

Un œuf poché délicat, accompagné d'une purée de champignons à la bière ambrée. Une assiette qui mêle créativité et gourmandise, parfaite pour un moment à partager, entre brunch et bistronomie décontractée.

INGRÉDIENTS

4 PERS.

Purée de champignons
500 g de champignons de Paris
2 oignons
1 gousse d'ail
33 cl de Chameau (bière ambrée)
50 cl de crème

Pickles de pleurotes
100 g de pleurotes
50 g de vinaigre de table
50 g d'eau
30 g de miel

Crunchy de livèche
30 g de farine
30 g de beurre pommade
15 g de sucre
30 g de livèche fraîche

Autres ingrédients
20 g de gruyère
1 cébette
4 œufs
Sel et poivre

INSTRUCTIONS

45 min. cuiss. | 75 min. prep.

La purée de champignons
Épluchez les oignons et la gousse d'ail et grattez les résidus de terre des champignons à l'aide d'un couteau d'office. Émincez les champignons, les oignons et l'ail. Dans une casserole, faites suer les champignons, les oignons et l'ail. Déglacez avec la Chameau, laissez réduire de deux tiers. Ajoutez la crème, salez et poivrez puis faites cuire à feu doux environ 20 min. Mixez la purée de champignons dans un blender jusqu'à obtenir une purée bien lisse et débarrassez-la dans une petite casserole.

Les œufs mollets
Mettez une casserole d'eau à bouillir et faites cuire les œufs 5 min et 30 sec, refroidissez-les dans un bol d'eau glacée pendant 5 min puis écalez-les.

Les pickles de pleurotes
Effilochez les pleurotes dans un bol. Dans une casserole, faites bouillir le vinaigre, l'eau et le miel puis versez le mélange bouillant sur les pleurotes et laissez refroidir à température ambiante.

Le crunchy de livèche
Dans un bol, mélangez le beurre pommade, la farine, le sucre, 3 pincées de sel et la livèche fraîche hachée jusqu'à obtenir une pâte homogène. Étalez cette pâte sur une plaque de cuisson avec un papier sulfurisé et faites-la cuire 12 min à 180°C. Laissez refroidir et émiettez à la main en gros morceaux.

La garniture
À l'aide d'un économe, faites des copeaux de gruyère. Ciselez finement la cébette.

Le dressage
Réchauffez la purée de champignons en casserole puis dressez un rond dans le fond d'une assiette creuse, déposez l'œuf au centre de la purée. Ajoutez quelques pickles de pleurotes, quelques morceaux du crunchy de livèche, quelques copeaux de gruyère et les cébettes ciselées.

CHOU-FLEUR PANÉ AU ZAATAR

Le chou-fleur rôti prend des airs du Levant avec le zaatar. Une recette végétale, croustillante et parfumée, qui joue entre terre et épices, parfaite pour une bière pleine de fraîcheur.

INGRÉDIENTS

4 PERS.

Chou-fleur pané

1 chou-fleur
70 g de farine blanche
30 cl d'eau
1 c . à s. de zaatar
Chapelure panko
1 filet d'huile d'olive

Purée de haricots noirs

250 g de haricots noirs secs, trempés dans l'eau froide 24 heures et rincés
2 c. à s. d'huile d'olive
1 citron vert
1 poignée de coriandre fraîche
1 échalote, hachée grossièrement
1 gousse d'ail
Sel et poivre

INSTRUCTIONS

30 min. cuiss. | 15 min. prep.

Le chou-fleur pané

Préchauffez le four à 200°C.
Découpez le chou-fleur en tranches ou en fleurettes. Dans un saladier, mélangez la farine et l'eau (la consistance doit être celle d'une pâte à crêpes). Ajoutez le zaatar, du sel et du poivre et fouettez bien. Trempez les tranches de chou-fleur dans le mélange précédent, puis dans la chapelure panko.
Déposez le chou-fleur sur une plaque recouverte de papier cuisson. Arrosez-le d'un filet d'huile d'olive. Enfournez pour 30 min. Le chou-fleur devrait devenir bien tendre et la panure bien dorée.

La purée de haricots noirs

Mixez les haricots, le citron vert, deux cuillères à soupe d'huile d'olive, la coriandre, l'échalote hachée, l'ail, le sel et le poivre ensemble.

Le dressage

Disposez la purée de haricots sur une assiette et ajoutez le chou-fleur par-dessus. Décorez de quelques feuilles de basilic (ou de coriandre).

À déguster avec une Houleuse (bière blanche).

TARTE TATIN AUX OIGNONS

Une tarte Tatin version salée, où les oignons caramélisent doucement pour révéler toute leur douceur. Un plat rustique et raffiné, parfait avec une bière aux notes maltées et équilibrées.

INGRÉDIENTS

4 PERS.

Pâte à tarte
200 g d'eau
1 œuf
140 g de saindoux chaud
500 g de farine sans gluten
1 pincée de sel

Garniture aux oignons
6 oignons blancs
50 g de vinaigre balsamique vieilli
20 g de sucre de canne
100 g d'eau
Un peu de thym frais
Sel et poivre

INSTRUCTIONS

35 min. cuiss. | 10 min. prep.

Avant toute chose, préchauffez votre four à 180°C.

La garniture aux oignons
Dans un plat en verre rond, versez le sucre de canne, le vinaigre balsamique et l'eau. Ajoutez le thym, trois pincées de sel et trois pincées de poivre. Coupez les oignons en rondelles et disposez- les dans le mélange. Faites cuire le tout pendant 15 min avec un papier aluminium sur le dessus.

La pâte à tarte
Pendant que la garniture est en train de cuire, préparez la pâte en mélangeant tous les ingrédients secs puis en rajoutant les ingrédients liquides.

Versez votre garniture dans un plat à tarte. Découpez un rond de pâte correspondant à votre moule et disposez-le sur les oignons en fermant bien. Faites cuire 20 min à 180°C.

Le dressage
À la sortie du four, renversez immédiatement votre tarte sur un plat (afin d'avoir les oignons sur le dessus).

À déguster avec une Pépite (bière Pale Ale sans gluten).

LES DIFFÉRENTS STYLES DE VERRES

Pour déguster une bière

Qui n'a jamais bu une bière dans une ecocup ou directement à la bouteille ? Même nous, on plaide coupable ! Pourtant, verser sa bière dans un verre et surtout savoir choisir le bon est essentiel pour sublimer l'expérience de dégustation biérologique. Si sa forme peut sembler anecdotique, elle joue un rôle crucial dans la perception des arômes, de la mousse et même de la texture. Certaines bières possèdent même leur propre verre dédié et ce n'est pas pour rien, ça leur permet de s'exprimer pleinement de la première à la dernière gorgée ! Ça influence la manière dont les arômes se déploient en bouche, en accentuant certains aspects comme l'effervescence ou la douceur, tout en mettant en valeur la couleur et la mousse.

LE PILSNER

Un verre haut et fin, parfait pour accueillir les bières légères et pétillantes comme les Pils (d'où son nom) ou les Lagers. Sa forme étroite permet de préserver les bulles et la bière reste ainsi gazeuse plus longtemps.

LA CHOPE

L'un des plus connus des verres à bière, sa taille imposante et sa prise confortable permettent de savourer de grandes quantités de bière sans la réchauffer pour autant. Elle est idéale pour les bières robustes ou les Lagers un peu plus maltées.

LA TULIPE

Tout comme la fleur dont il tire son nom, ce verre a la forme d'un bulbe plus resserré sur le haut. Il est parfait pour les bières aromatiques et puissantes comme les IPA car sa forme permet de capturer et d'amplifier les arômes tout en laissant une belle mousse se créer.

LA PINTE

Un classique qui met tout le monde d'accord avec son format généreux. Il est la star des pubs (et des soirées entre potes) et a la forme générale d'un gobelet. Traditionnellement sans étalonnage et servie à ras bord (sinon c'est qu'on cherche à vous arnaquer), la pinte convient bien aux bières peu carbonatées.

LE SNIFTER

Quand on le voit, on pense d'abord aux spiritueux et pourtant ce verre met particulièrement bien en valeur les bières assez lourdes et à forte teneur en alcool. Son col resserré concentre les arômes au nez et sa large base permet de faire tourner la bière pour en admirer la robe.

LE TEKU

Parmi la grande tribu des verres à bière, le TEKU, c'est le jeune cousin italien, élégant et pointilleux. Pied fin, calice anguleux, il a été conçu pour révéler les arômes comme un grand cru. Snob ? Un peu. Mais il transforme chaque gorgée en expérience sensorielle, et chacun en zythologue (l'œnologue de la bière).

GUIDE DES RESTAURANTS DE LAUSANNE

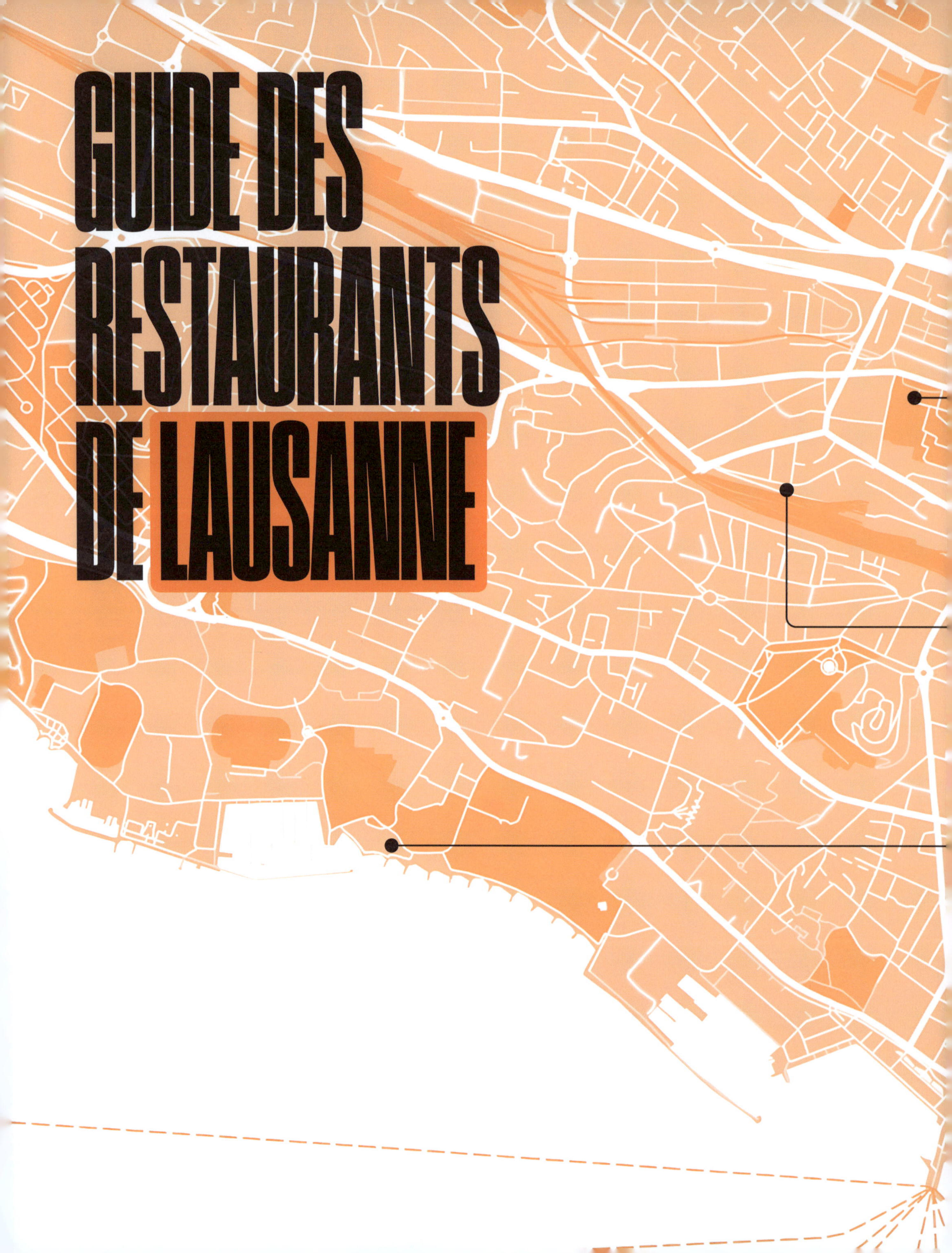

PAGES 36-39

LE VESTIBLULE

Rue Cité-Devant 4
1005 Lausanne

PAGE 66

BRASSERIE DE MONTBENON

All. Ernest-Ansermet 3
1003 Lausanne

PAGE 70

TIBITS

Pl. de la Gare 11
1003 Lausanne

PAGE 48

SMAGGY BURGER

Av. Emile-Henri-
Jaques-Dalcroze 9
1007 Lausanne

COCKTAILS ET MOCKTAILS

Mezcal IPA
Le Myrtillorean
Poire IPA
Amber tiki
L'effet 0.0

APÉROS DÉTENTE

Arancinis du Vully
Beignets de légumes
Croquants de fondue
Scotch egg au jalapeño
Tenders de poulet
Trio de sauces
Mini tourtes au bœuf
Trempette aux épinards
Trio d'apéritifs

APÉROS DÉTENTE

MEZCAL IPA

On dit souvent que le mezcal « ne se boit pas, il se savoure ». Avec une IPA, même combat ! Ces deux caractères bien trempés aiment la nuance : une touche sucrée ou un agrume inattendu peut transformer un simple cocktail en vrai terrain de jeu aromatique.

INGRÉDIENTS

1 PERS.

30 ml de mezcal
25 ml de jus de citron jaune
10 ml de sirop de sucre
25 ml de blanc d'œuf
1 dl d'Ipanema (bière IPA)

INSTRUCTIONS

05 min. prep.

Mélangez tous les ingrédients dans un shaker et shakez une première fois sans glaçon.

Ajoutez des glaçons dans le shaker et shakez une deuxième fois.

Filtrez le tout à l'aide d'une passoire à cocktail fine et versez le contenu dans le verre de votre choix.

Ajoutez 1 dl d'Ipanema à votre mélange et dégustez !

ANECDOTE

Au Mexique, on dit que le mezcal guérit tout... sauf la mauvaise humeur ! Longtemps réservé aux shots entre amis, il a trouvé sa place dans les cocktails du monde entier. Son petit goût fumé s'invite même dans la cuisine et parfois, il finit aussi bien dans le plat que dans le verre !

MYRTILLOREAN

Un cocktail rafraîchissant qui marie l'acidité fruitée de la myrtille aux notes aromatiques de la bière Delorean. Coloré, vif et plein de caractère, il se déguste aussi bien à l'apéritif qu'en soirée, pour surprendre les amateurs de saveurs originales.

INGRÉDIENTS

1 PERS.

30 ml de jus de myrtille
10 ml de jus de citron jaune
15 ml de sirop de sucre
120 ml de Delorean (bière NEIPA)
Soda (eau gazeuse)
Feuille de menthe
Citron séché

INSTRUCTIONS

05 min. prep.

Mélangez le jus de myrtille, le jus de citron jaune et le sirop de sucre directement dans un verre avec 4-5 glaçons.

Ajoutez la bière et le fill up de soda puis mélangez délicatement (un petit coup).

Finissez avec la feuille de menthe et la rondelle de citron séché (pour la déco).

POIRE IPA

Une alliance douce et épicée qui réunit la fraîcheur de la poire et le piquant subtil du gingembre. Avec la bière sans alcool, ce cocktail désaltérant est parfait pour se faire plaisir sans modération !

INGRÉDIENTS

1 PERS.

80 ml de Placebo IPA (bière IPA sans alcool)
80 ml de Ginger beer
30 ml de nectar de poire
10 ml de sirop de sucre
20 ml de jus de citron jaune
Cannelle en poudre

INSTRUCTIONS

05 min. prep.

Mélangez tous les ingrédients dans le verre de votre choix.

Brassez délicatement le mélange à l'aide d'une cuillère à cocktail. Le but est de créer une légère mousse sur le dessus sans enlever trop de gaz à la bière.

Ajoutez une tombée de cannelle sur le dessus.

Dr.Gab's

AMBER TIKI

Une invitation au voyage ! Ce cocktail tropical mêle la douceur de l'ananas, la puissance du rhum, la touche audacieuse de l'absinthe et la rondeur de la bière ambrée.

INGRÉDIENTS

1 PERS.

40 ml de rhum ambré
10 ml de rhum agricole
2,5 ml d'absinthe
40 ml de jus d'ananas
15 ml de jus de citron vert
7,5 ml de sirop de grenadine
Env. 80 ml de Chameau (bière ambrée)
Une tête de menthe & une ombrelle

INSTRUCTIONS

05 min. prep.

Pressez le jus d'un citron vert.

Versez tous les ingrédients, sauf la bière, dans un shaker rempli de glaçons. Shakez pendant quelques secondes afin de refroidir sans trop diluer. Versez le contenu du shaker dans un verre rempli de glaçons.

Ajoutez la Chameau dans le verre. Mélangez à l'aide d'une cuillère puis ajoutez la garniture.

ANECDOTE

Née dans les bars tiki des années 1930 à Hollywood, l'ombrelle n'a jamais eu d'utilité réelle... si ce n'est d'ajouter un peu de soleil au verre ! Gadget kitsch devenu culte, elle évoque vacances, palmiers, et cocktails qu'on boit autant pour le goût que pour le sourire qu'ils donnent.

L'EFFET 0.0

Une boisson étonnante qui joue sur le contraste. La chaleur de la cannelle, le léger piquant du piment et la rondeur de la bière sans alcool s'équilibrent parfaitement pour offrir une expérience sans alcool, mais pleine de caractère.

INGRÉDIENTS

1 PERS.

15 ml de sirop de cannelle/piment
40 ml de whisky sans alcool ou rhum sans alcool, au choix
30 ml de jus de pamplemousse
Env. 100 ml de Placebo IPA (bière IPA sans alcool)
Une tête de menthe & une tranche de grapefruit (frais ou déshydraté)

INSTRUCTIONS

05 min. prep.

Pressez le jus d'un pamplemousse.

Remplissez un verre de glaçons et ajoutez tous les ingrédients.

Mélangez à l'aide d'une cuillère et ajoutez la garniture.

ASTUCE

Pour faire votre propre sirop, mettez 100 g de sucre, 100 ml d'eau, 10 g de cannelle en bâtons et 5 g de piment rouge dans une casserole. Chauffez jusqu'à ce que le sucre soit dissous et laissez infuser 10 min, filtrez et mettez en bouteille.

ARANCINIS DU VULLY

Les arancinis, c'est la recette anti-gaspi par excellence, qui régale tout le monde. Nous avons voulu les réinventer pour Dr. Gab's en associant le crémeux du Brigand du Jorat et l'équilibre de la Pale Ale. Cet apéro fort en fromage de chez nous est sublimé par un accompagnement qui apporte un twist gourmand !

INGRÉDIENTS

4 PERS.

Arancinis
300 g de risotto
130 g de fromage Brigand du Jorat

Panure
Farine
2 œufs
Chapelure panko
Sel et poivre
Huile neutre

Accompagnement
1 oignon vert
1 bouquet de persil plat
1/2 citron confit (ou un citron jaune)
Thym frais
3 tomates séchées
1/2 c. à c. de flocons de piment
Fleur de sel et poivre
8 cl d'huile d'olive

INSTRUCTIONS

05 min. cuiss. | 15 min. prep.

L'accompagnement
Après avoir cuit le risotto la veille, préparez l'accompagnement en coupant le citron confit, le persil, l'oignon vert, les tomates séchées et le thym frais. Mélangez le tout avec l'huile d'olive et ajoutez les flocons de piment selon votre goût. Réservez au frais.

Les arancinis
Formez les arancinis en prélevant des portions de risotto à l'aide d'une cuillère à glace. Insérez un cube de Brigand du Jorat au centre de chaque boule et placez-les au frigo pendant 10 min.

La panure
Préparez votre « atelier panure » en disposant trois contenants : un avec la farine, un autre avec les œufs battus et un dernier avec la chapelure. Roulez chaque boule dans la farine, puis dans les œufs et enfin dans la chapelure.

La cuisson
Faites chauffer l'huile à 180°C et plongez-y les arancinis jusqu'à ce qu'ils soient bien dorés. Égouttez-les bien sur du papier absorbant et salez-les immédiatement. Dégustez bien chaud avec l'accompagnement préparé précédemment.

À déguster avec une Chameau (bière ambrée) ou une Ipanema (bière IPA).

RECETTE DU RISOTTO

Faites revenir 1 oignon émincé dans un peu d'huile, ajoute 200 g de riz arborio et nacrez 2 min. Ajoutez progressivement 60 cl de bouillon chaud en remuant jusqu'à absorption (env. 18 min). Incorporez 40 g de parmesan, une noix de beurre, sel et poivre.

BEIGNETS DE LÉGUMES

Lorsque des amis arrivent à l'improviste et que les placards sont presque vides, cette recette sauve toujours la mise ! Simple, rapide et impressionnante, elle s'adapte à toutes les envies. À vous de jouer maintenant !

INGRÉDIENTS

4 PERS.

Pâte à beignets
240 g de farine fleur
30 cl de lait
2 jaunes d'œufs
6 c. à s. de SWAF (bière Lager)

Légumes en fonction des saisons
Fleurettes de chou-fleur
ou de brocoli
Fenouil
Cèpes
Dés de butternut

Friture
150 cl d'huile de friture neutre

INSTRUCTIONS

15 min. cuiss. | 10 min. prep.

La pâte à beignets
Dans un saladier, versez la farine, le bicarbonate, le lait ainsi que deux jaunes d'œufs. Remuez délicatement puis ajoutez la bière SWAF. Réservez la pâte au frais jusqu'à l'emploi.

Les beignets de légumes
Taillez de fines lamelles de fenouil et plongez-les quelques minutes dans de l'eau bouillante. Dans cette même eau bouillante, plongez vos cubes de butternut quelques minutes afin de les attendrir. Pour le fenouil, vous pouvez le laisser cru. Faites cuire les fleurettes de chou-fleur ou de brocoli à la vapeur pendant 10-12 min. Si vous avez des cèpes ou autres beaux champignons, il suffit de bien les nettoyer et les sécher.

La cuisson
Enrobez les légumes de pâte à beignets et plongez-les dans l'huile chaude à 180°C jusqu'à ce qu'ils soient dorés des deux côtés.

CROQUANTS DE FONDUE

De petites bouchées croustillantes qui capturent tout l'esprit d'une excellente fondue moitié-moitié... mais à manger avec les doigts ! Gourmands, ludiques et parfaits à partager, ils deviendront à coup sûr un incontournable de vos apéritifs.

INGRÉDIENTS

4 PERS.

400 g de fondue moitié-moitié (celle de votre choix)
10 cl de SWAF (bière Lager)
1 gousse d'ail
3 œufs
100 g de farine
200 g de chapelure type panko

INSTRUCTIONS

15 min. cuiss. | 60 min. prep.

Les croquants
Faites une fondue classique (comme vous en avez l'habitude) dans un caquelon. Une fois prête, mettez-la dans un plat et laissez-la refroidir au frigo environ 15 min afin de pouvoir former des petites boules de fondue d'environ 25 g. Remettez les croquants au frigo pendant 15 min.

Panez les boules de fondue bien froides en les trempant dans la farine puis les œufs battus en finissant dans la chapelure. Répétez l'opération dans l'œuf puis la chapelure.

Faites cuire dans un bain d'huile ou une friteuse à 170°C pendant 2 à 3 min. Faites attention qu'elles n'explosent pas.

Le dressage
Pour la présentation, plantez des petites brochettes dans une tranche de viande séchée vaudoise puis dans un croquant. Pour une version végétarienne, la viande peut être remplacée par un cornichon.

À déguster avec une Tempête (bière Triple).

SCOTCH EGG AU JALAPEÑO

Une version audacieuse et généreuse du classique Scotch egg, avec une farce pimentée et fondante au cheddar, accompagnée d'un ketchup maison aux pommes. Un plat plein de caractère qui fera sensation à l'apéro!

INGRÉDIENTS

4 PERS.

Scotch eggs

500 g de viande de porc hachée
100 g de bacon
100 g de cheddar
10 g de jalapeño
100 g d'oignons cuits et hachés
4 œufs frais (gros calibre)
Farine
Œuf battu
Chapelure panko
Huile pour friture

Ketchup de pommes

5 kg de pommes
200 g de sucre
500 g d'oignons
100 g d'ail
200 g de sirop de maïs
100 g de miel
100 g de raisins secs (sultanas)
200 g de sauce soja
15 g de sel
2 l d'eau
100 g de Crafty (cidre de pomme)

INSTRUCTIONS

90 min. cuiss. | 40 min. prep.

Les œufs mollets en croûte

Mélangez la viande de porc, le bacon haché, le cheddar râpé, le jalapeño finement émincé et les oignons. Formez des boules de 90 g avec ce mélange. Faites bouillir une casserole d'eau, ajoutez-y les œufs et cuisez-les pendant 5 min 30 sec.

Refroidissez-les immédiatement dans de l'eau glacée pendant 5 min puis écalez-les après 30 min. Creusez un puits dans chaque boule de viande, insérez l'œuf au centre puis refermez en formant une coque homogène.
Panez chaque boule en les roulant successivement dans la farine, l'œuf battu puis la chapelure oanko. Faites frire à 170°C pendant 7 min 30 sec jusqu'à obtention d'une croûte bien dorée et croustillante.

Le ketchup de pommes

Coupez les pommes en deux et placez-les sur une plaque de cuisson. Faites-les rôtir à 220°C pendant 25 min jusqu'à ce qu'elles soient bien caramélisées. Pendant ce temps, émincez les oignons et l'ail.

Dans une grande casserole, mélangez les pommes rôties, le sucre, les oignons, l'ail, le sirop de maïs, le miel, les raisins secs, la sauce soja et le sel. Ajoutez les 2 l d'eau et portez à ébullition. Laissez mijoter pendant environ 1 h jusqu'à réduction de moitié. Mixez finement à l'aide d'un blender, puis incorporez le Crafty.

Laissez refroidir et conservez en pot stérilisé.

Le dressage

Mettez un peu de ketchup dans une assiette, coupez l'oeuf en deux puis ajoutez les moitiés sur la sauce.

TENDERS DE POULET

Une version croustillante et gourmande du poulet pané, twistée par une marinade tandoori au miel. Le tout accompagné d'une sauce onctueuse à la bière Delorean, fruitée et légèrement sucrée. Une association qui fait mouche !

INGRÉDIENTS

4 PERS.

Marinade

400 g de blancs de poulet
6,5 g de miel
6,5 g de tandoori

Panure à l'anglaise

60 g de farine
2 œufs
80 g de corn flakes nature
Sel et poivre

Sauce à la bière

150 g de Delorean (bière NEIPA)
200 g de crème fraîche épaisse
15 g de moutarde de Dijon
30 g de miel
10 g de sauce Worcestershire
20 g de beurre
10 g de farine
Sel et poivre

INSTRUCTIONS

24 h. repos | 20 min. cuiss. | 30 min. prep.

La marinade

Détaillez les blancs de poulet en lanières régulières. Mélangez le miel et le tandoori dans un saladier. Ajoutez les morceaux de poulet et mélangez pour bien les enrober. Couvrez et laissez mariner 24 h au frigo.

Les tenders

Écrasez les corn flakes à la main ou à l'aide d'un rouleau à pâtisserie. Disposez la farine dans un bol, les œufs battus dans un deuxième, et les corn flakes dans un troisième. Salez et poivrez les morceaux de poulet.
Panez chaque morceau en les passant successivement dans la farine, les œufs battus puis les corn flakes. Faites chauffer un bain d'huile ou une friteuse à 170°C. Plongez les tenders par petites quantités pendant 5 à 6 min, jusqu'à ce qu'ils soient bien dorés. Égouttez-les sur du papier absorbant.

La sauce

Faites fondre le beurre dans une casserole à feu moyen pour faire un roux en ajoutant la farine et en mélangeant jusqu'à obtenir une pâte homogène. Laissez cuire 1 à 2 min sans coloration.
Versez progressivement la bière tout en fouettant pour éviter les grumeaux. Portez à ébullition et laissez réduire légèrement pendant 3 min. Incorporez la crème fraîche, la moutarde, le miel et la sauce Worcestershire. Mélangez soigneusement jusqu'à obtention d'une texture lisse. Salez et poivrez selon vos goûts.
Laissez mijoter à feu doux pendant 5 à 7 min, jusqu'à ce que la sauce épaississe légèrement.

TRIO DE SAUCES

Trois sauces, trois voyages gustatifs: un tzatziki frais et parfumé (classique de la cuisine grecque), un beurre d'anchois (simple mais irrésistible), et une mayonnaise à la bière qui surprend par sa subtilité. Le genre de trio qui fait briller n'importe quel apéritif.

INGRÉDIENTS

4 PERS.

Tzatziki authentique
1/2 concombre
500 g de yaourt grec
1 dl d'huile d'olive
1/2 bouquet d'aneth frais
1 c. à c. de vinaigre blanc
Sel et poivre

Beurre d'anchois
150 g de beurre ramolli
1 échalote
1 conserve d'anchois

Mayonnaise à la bière
1 œuf
250 ml d'huile neutre
1 c. à c. de moutarde au vin blanc
1 c. à c. de moutarde gros grains
1 c. à s. de vinaigre balsamique blanc
1 c. à c. de réduction de Pépite
1 gousse d'ail (ou plus si affinité)
Sel et poivre

INSTRUCTIONS

2h20 min. repos | 120 min. prep.

Tzatziki authentique
Pelez le concombre en laissant un peu de peau.
Râpez le concombre et laissez-le dégorger dans une passoire pendant 1 h minimum (c'est le secret d'un tzatziki). Dans un saladier, versez le grand pot de yaourt grec et ajoutez le concombre bien dégorgé et tous les autres ingrédients. Mélangez manuellement jusqu'à avoir une belle texture. Placez au frigo pendant 2 h avant de servir.

Au moment de déguster le tzatziki, décorez avec un peu d'aneth et des olives.

Beurre d'anchois
Sortez le beurre du frigo afin qu'il ramollisse un peu.
Hachez l'échalote finement.
Une fois le beurre un peu mou, ajoutez l'échalote ainsi que les anchois (égouttés). Mélangez énergétiquement avec un petit robot jusqu'à ce que le beurre soit homogène.

Réservez au frigo avant de servir.

La réduction de bière
Versez 1 dl de la Pépite dans une casserole, faites réduire jusqu'à obtention d'une sorte de mélasse encore un peu liquide puis réservez.

Mayonnaise à la bière
Pendant ce temps, ajoutez les autres ingrédients dans un récipient assez haut pour que vous puissiez y insérer le mixeur plongeant. Commencez en mettant le mixeur tout en bas du récipient, mixez en remontant petit à petit jusqu'à ce que l'émulsion se fasse et que la mayonnaise prenne.
Ajoutez la réduction de bière (la quantité peut varier en fonction du type de bière choisi et de vos goûts).

Ajustez l'assaisonnement comme bon vous semble.

À déguster avec la bière de votre choix!

MINI TOURTES AU BŒUF

Des petites tourtes individuelles ultra-réconfortantes, garnies d'un bœuf mijoté à la Ténébreuse pour une profondeur de goût irrésistible. Parfaites pour un apéritif d'hiver ou un repas convivial qui réchauffe les cœurs.

INGRÉDIENTS

6 PERS.

500 g de paleron de bœuf ou de joue de bœuf
50 cl de Ténébreuse (bière Stout)
1 oignon
2 échalotes
1 pincée de gros sel
250 g de shiitakés
30 g de beurre
1 c. à s. de sauce Worcestershire
1 c. à c. de concentré de tomates
1 cube de bouillon de bœuf
1 bouquet garni ou trois feuilles de laurier et une branche de thym
2 clous de girofle
8 grains de poivre noir
3 tranches de pain d'épices
2 pâtes feuilletées
1 c. à s. de farine
1 jaune d'œuf pour la dorure

INSTRUCTIONS

2 h. repos. | 3h30 min. cuiss. | 40 min. prep.

Le bœuf
Taillez la viande de bœuf en cubes puis mettez la viande dans un saladier. Ajoutez le laurier, le thym, les clous de girofle et le poivre. Arrosez de bière et mélangez. Couvrez et laissez mariner 2 h.

Pelez et émincez très finement un oignon et deux échalotes. Égouttez la viande et filtrez la marinade. Faites chauffer une large poêle puis faites-y fondre 30 g de beurre. Déposez les cubes de viande et faites-les dorer sur toutes les faces. Saupoudrez d'une cuillère à soupe de farine et mélangez. Ajoutez l'oignon et l'échalote et versez la marinade. Ajoutez le bouillon, la sauce Worcestershire, le concentré de tomates et salez au gros sel. Portez à ébullition, puis baissez le feu sous la cocotte et couvrez. Faites mijoter 3 h en remuant régulièrement.

Faites revenir les shiitakés coupés en quatre dans une poêle avec une noisette de beurre. Ajoutez le pain d'épices et les shiitakés dans la cocotte 20 min avant la fin du temps de cuisson. En fin de cuisson, la viande doit être tendre et s'effilocher d'elle-même. Laissez refroidir la préparation.

Les tourtes
Préchauffez le four à 210°C. Étalez la pâte sur un plan de travail fariné. Beurrez 6 moules individuels à bords hauts. Coupez dans la pâte 6 disques pouvant garnir les moules en dépassant légèrement et 6 disques du diamètre des moules puis piquez-les avec une fourchette. Badigeonnez d'un jaune d'œuf battu et enfournez pour 1 h environ à 180°C.

Garnissez les moules des grands disques de pâte, puis remplissez de viande. Arrosez de jus de cuisson et recouvrez de petits disques de pâte. Soudez les bordures des pâtes.

Battez le jaune d'œuf avec deux cuillères à soupe d'eau et badigeonnez les tourtes. Enfournez 30 min.

TREMPETTE AUX ÉPINARDS

Cette recette est inspirée d'une trempette qui se fait souvent au Canada. Elle est très simple à réaliser, demande peu d'ingrédients et fait l'unanimité (même auprès des amateurs de viande)! Ultra fromagée, elle est aussi très gourmande.

INGRÉDIENTS

4 PERS.

205 g de Philadelphia
130 g de demi-crème acidulée
4 c. à s. de mayonnaise
145 g d'artichauts en conserve
100 g d'épinards cuits (essorés et découpés)
40 g de parmesan
1 gousse d'ail
2 échalotes
Sel et pouvre

INSTRUCTIONS

20 min. cuiss. | 05 min. prep.

Préchauffez le four à 180°C.
Mixez le Philadelphia, la demi-crème, la mayonnaise, les échalotes, l'ail, le sel et le poivre ensemble dans un mixeur.

Transférez le mélange dans un bol et ajoutez-y les épinards, les artichauts et le fromage (de votre choix). Mélangez.

Déplacez dans un plat qui va au four. Rajoutez un peu de fromage sur le dessus pour faire gratiner.

Enfournez pendant 20 min ou jusqu'à ce que le fromage soit fondu. Au besoin, utilisez la fonction gril de votre four pour avoir une jolie couche dorée de fromage (attention de bien surveiller).

Dégustez avec du pain, des tortillas ou des dips de légumes et une Placebo IPA (bière IPA sans alcool).

TRIO D'APÉRITIFS

Des bricks au thon et poireaux croustillants, des mini empanadas, et une crème de feta aux artichauts fondante. Trois façons gourmandes de lancer un apéritif qui mettra tout le monde d'accord. À déguster avec une SFAW, la parfaite bière d'apéro rafraîchissante.

INGRÉDIENTS

4 PERS.

Bricks au thon

4 feuilles de brick
1 boîte de thon
2 poireaux (partie blanche)
1 petit oignon rouge
2 c. à c. de jus de citron
Le zeste d'un citron
Huile d'olive
Sel et poivre

Sauce

2 c. à c. de câpres
4 c. à s. de mayonnaise

INSTRUCTIONS

25 min. cuiss. | 15 min. prép.

Bricks au thon et aux poireaux

Avant tout, préchauffez le four à 180°C.

La farce

Dans une poêle, faites chauffer de l'huile d'olive à feu moyen. Ajoutez le poireau tranché finement et faites-le revenir pendant environ 5 à 7 min, jusqu'à ce qu'il soit tendre.
Dans un saladier, ajoutez le thon égoutté et émietté, l'oignon haché, le jus de citron et le zeste. Ajoutez le poireau et assaisonnez avec le sel et le poivre.

Les bricks

Pliez la feuille de brick en deux et repliez le bord arrondi. Déposez une cuillère de farce sur un des bords de la feuille. Repliez la feuille en triangle sur la farce et repliez encore pour obtenir un nouveau triangle, ainsi de suite jusqu'au bout de la feuille. Pour sceller la feuille, humidifiez légèrement le bord de la feuille avec un peu d'eau.

La cuisson

Disposez les bricks sur une plaque de cuisson recouverte d'un papier cuisson. Badigeonnez-les avec de l'huile d'olive pour qu'elles soient bien dorées.
Enfournez pendant 15 à 20 min jusqu'à ce qu'elles soient croustillantes et dorées.

La sauce

Mixez les câpres avec la mayonnaise.

INGRÉDIENTS

Pâte à empanadas
250 g de farine
150 g de beurre
125 g de beurre froid, coupé en petits morceaux
1 œuf
1 jaune d'œuf
1/2 c. à c. de sel
Eau froide (si nécessaire)

Garniture aux épinards
300 g d'épinards frais (ou surgelés)
150 g de gruyère râpé
2 c. à s. d'huile d'olive
50 g de tomates séchées à l'huile
Sel et poivre

Sauce
1 bouquet de persil
1 bouquet de thym
2 gousses d'ail
2 c. à s. de vinaigre de vin rouge
2 c. à s. d'huile d'olive
1 c. à c. de piment
Sel

INSTRUCTIONS

20 min. cuiss. | 30 min. prep.

Mini empanadas aux épinards, gruyère et tomates séchées

Avant tout, préchauffez le four à 180°C.

La pâte
Dans un grand bol, mélangez la farine et le sel. Ajoutez le beurre et travaillez le mélange du bout des doigts jusqu'à obtenir une texture sableuse. Incorporez l'œuf et mélangez jusqu'à obtenir une boule. Si la pâte est trop sèche, ajoutez un peu d'eau froide.
Enveloppez la pâte dans un film plastique et réfrigérez-la pendant environ 30 min.

La farce
Dans une poêle, faites chauffer de l'huile d'olive à feu moyen. Ajoutez les épinards et faites cuire jusqu'à ce qu'ils soient fanés (si vous utilisez des épinards frais) ou réchauffés (si surgelés). Retirez du feu et laissez refroidir avant d'incorporer le gruyère. Mixez les tomates séchées et incorporez-les à la préparation. Assaisonnez avec le sel et le poivre.

Les empanadas
Sur un plan de travail fariné, étalez la pâte sur une épaisseur d'environ 3 mm. Découpez des cercles d'environ 8 à 10 cm de diamètre. Placez une cuillère de farce au centre du cercle. Repliez la pâte en deux pour former un demi-cercle et scellez les bords en appuyant avec une fourchette.

La cuisson
Disposez les empanadas sur une plaque de cuisson recouverte d'un papier cuisson. Badigeonnez le dessus des empanadas avec le jaune d'œuf et enfournez pendant 20 à 25 min jusqu'à ce qu'elles soient dorées.

La sauce
Mixez tous les ingrédients dans un bol.

INGRÉDIENTS

Crème de feta
200 g de feta
150 g d'artichauts à l'huile
1 c. à c. de tandoori
2 c. à s. d'huile d'olive
Poivre

INSTRUCTIONS

10 min. prep.

Crème de feta aux artichauts et tandoori

Dans un bol, mixez tous les ingrédients jusqu'à obtenir une crème onctueuse.
Servez avec du pain frais.

COMMENT DÉGUSTER UNE BIÈRE EN 6 ÉTAPES

CHOISIR LE BON VERRE 01

Comme nous l'avons vu, le choix du verre est une étape primordiale (ça tombe bien, grâce à nos conseils, vous êtes maintenant de véritables experts). Commençons donc par accorder le verre à la bière désirée, puis rinçons-le à l'eau fraîche afin de permettre à la mousse d'accrocher pour éviter que les bulles ne soient perturbées par des impuretés.

OBSERVER L'APPARENCE 02

Une bière ça se verse lentement dans un verre incliné à 45° (c'est le moment de ressortir les compas), avant de le redresser pour créer un joli col de mousse. Observons ensuite sa couleur, blonde dorée, ambrée, cuivrée, brune profonde... tout dépend de ce que nous avons choisi de boire ! Chaque teinte raconte une histoire de malts et une méthode de brassage. Par exemple, un léger trouble peut indiquer une bière artisanale non filtrée. La mousse doit aussi être examinée : fine, elle doit résister quelques minutes et former une jolie dentelle sur le verre.

SENTIR LES ARÔMES 03

Tels les zythologues que nous sommes (l'équivalent de l'œnologue pour la bière), approchons notre nez du verre pour une première inspiration qui révèlera les notes les plus volatiles. Ensuite, faisons tourner légèrement la bière pour libérer les arômes plus profonds et tenter de discerner les notes maltées, les accents houblonnés et les nombreux arômes secondaires (fruits, épices, café ou chocolat) qui peuvent parfois s'en dégager.

GOÛTER LA BIÈRE 04

Sans aucun doute notre moment préféré ! Attention cependant à ne pas être trop gourmand, on commence par une petite gorgée pour laisser la bière parcourir notre langue et révéler ses saveurs principales. N'oublions pas en outre de bien respirer par le nez pour enrichir l'expérience sensorielle et révéler des arômes supplémentaires.

LA TEXTURE EN BOUCHE 05

Au-delà de l'odorat et du goût, la texture est aussi fondamentale. Elle peut être légère, vive, crémeuse, veloutée ou huileuse. Le corps de la bière varie selon notre choix allant de fluide pour les bières les plus légères à presque liquoreux pour celles plus fortes ou vieillies.

LA FINALE 06

Dernière étape avant de pouvoir pleinement profiter de votre bière. L'arrière-goût qui reste en fin de bouche, c'est le moment qui révèle souvent de belles surprises : une légère astringence, des notes boisées, torréfiées ou fruitées. Bien souvent, plus le goût persiste dans le palais, plus la bière est mémorable et offre tout un voyage sensoriel qui ne demande qu'à être renouvelé.

GUIDE DES RESTAURANTS DU LAVAUX

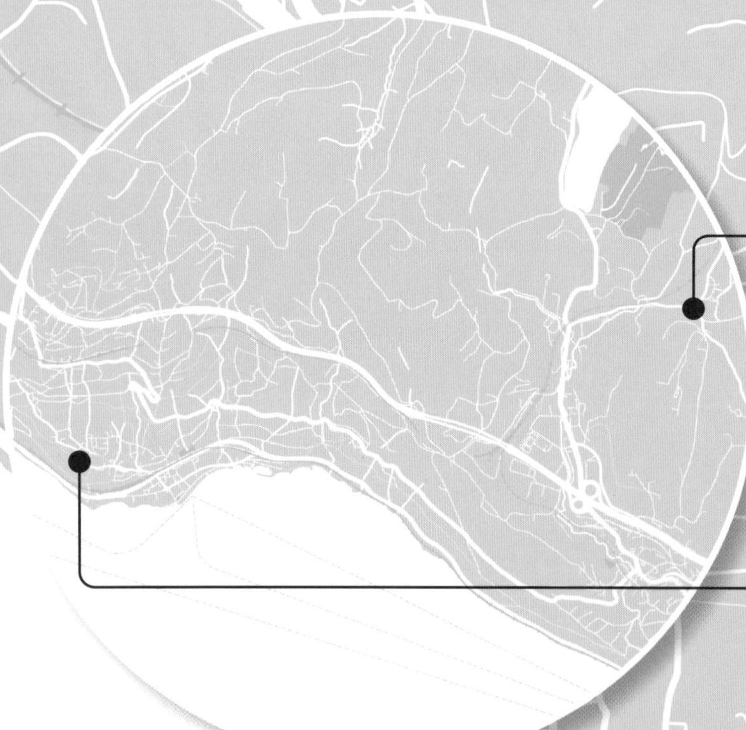

PAGE 130

À LA DEMI-LUNE

Rue du Village 7
1803 Chardonne

PAGE 44

AU CEP D'OR

Grande Place 4
1800 Vevey

PAGE 56

LE BOUT DU MONDE

Rue d'Italie 24
1800 Vevey

PAGE 116

AUBERGE COMMUNALE DE PUIDOUX

Rte du Village 37
1070 Puidoux

PAGE 126

TOUT UN MONDE

Pl. du Village 7
1091 Grandvaux

LUNCHS RAPIDES

Salade de féra fumée du lac
Cocotte rustique de lentilles
Bao burger teriyaki
Burger à l'effiloché de poulet
Cheeseburger aux oignons caramélisés
Crêpes de feuilles de riz aux légumes
Salade de patate douce
Pâtes carbonara romaine
Saumon gravlax

LUNCHS RAPIDES

SALADE DE FÉRA FUMÉE DU LAC

Des filets de féra de la région, une chair fine, fraîche et délicate. Une recette simple, saine et légère, parfaite pour les beaux jours, mais qui garde toute sa place à table, été comme hiver. Un plat qui sent le lac, le terroir vaudois et qui rend hommage aux pêcheurs du Léman et à leur fameux café de la borne.

INGRÉDIENTS

4 PERS.

2 filets de féra fumée à froid de la Pêcherie d'Ouchy (idéalement)
120 g de lentilles vertes
20 g de beurre
1 botte d'oignons tiges
1 bouquet de persil plat
Mesclun de salade
1 botte de radis
1 filet d'huile de noix vaudoise AOP
1 filet de vinaigre balsamique
1 pincée de fleur de sel et poivre

INSTRUCTIONS

30 min. cuiss. | 10 min. prep.

Les lentilles
Rincez les lentilles et cuisez-les dans l'eau bouillante quelques minutes. Une fois la cuisson terminée, égouttez les lentilles et rincez-les à l'eau froide. Réservez.
Faites revenir les oignons ciselés avec le beurre. Ajoutez les lentilles, mouillez, salez, et terminez la cuisson à couvert.
Rectifiez l'assaisonnement selon vos goûts (sel, poivre, persil plat). Laissez refroidir.

Le dressage
Tranchez délicatement la féra fumée. Dressez harmonieusement les lentilles et le poisson dans un plat, accompagnez d'un mesclun de salade et de tranches de radis croquants.

Parsemez le tout avec un filet de vinaigre balsamique, de l'huile de noix, un peu de fleur de sel et deux tours de moulin à poivre.

Accompagnez d'un pain maison (cf. p. 117) et d'une Delorean (bière NEIPA) !

COCOTTE RUSTIQUE DE LENTILLES

Une recette de grand-mère réconfortante, où les lentilles s'accompagnent de saucisson et d'une pointe de pomme pour un subtil équilibre entre douceur et acidité. Le plat idéal pour faire aimer les lentilles à tout le monde.

INGRÉDIENTS

4 PERS.

300 g de pommes de terre fermes
2 carottes
1 pomme acidulée
250 g de poireau
1 oignon
1 bouquet de persil plat
1 c. à s. de beurre
100 g de lardons
2 gousses d'ail
250 g de lentilles vertes
1 dl de Pépite (bière Pale Ale)
5 dl de bouillon
Env. 1/2 c. à c. de piment d'Espelette
2 brins de thym
1 pointe de couteau de girofle en poudre
1 saucisson vaudois d'env. 350 g

INSTRUCTIONS

50 min. cuiss. | 20 min. prep.

Commencez par couper les pommes de terre en gros cubes, la pomme en fines lamelles, le poireau en rondelles de 1 cm et les carottes en rondelles. Hachez l'oignon et ciselez le persil.

Faites chauffer le beurre dans une cocotte et faites-y dorer les lardons. Pressez l'ail dedans, puis ajoutez les lamelles de pomme, le poireau, l'oignon, le persil et les lentilles. Faites revenir brièvement l'ensemble.
Ajoutez ensuite les pommes de terre et les carottes. Versez la bière et laissez réduire légèrement.

Versez le bouillon dans la cocotte et assaisonnez avec le piment d'Espelette, le thym et le clou de girofle en poudre. Disposez le saucisson sur la préparation, couvrez et laissez mijoter environ 50 min à feu doux à moyen. Ajustez le sel selon vos préférences. Tranchez le saucisson et servez-le avec la potée.

ANECDOTE

Le saucisson vaudois était autrefois suspendu dans les cheminées pour fumer lentement. On dit qu'il était si précieux qu'on le réservait aux jours de fête... sauf quand on « testait la cuisson » en douce avec un verre de blanc bien frais !

Saucisson
vaudois

BAO BURGER TERIYAKI

Le point fort de cette recette : son glaçage teriyaki à la bière Ipanema ! Il apporte une touche unique, où l'amertume intense et les arômes houblonnés de la bière adoucissent le piquant du kimchi, tout en rehaussant les saveurs du burger. Une création gourmande qui mêle avec brio les saveurs asiatiques et la douceur maltée de la bière.

INGRÉDIENTS

4 PERS.

Glaçage à la bière

20 g de sucre de canne
2,5 dl d'Ipanema (bière IPA)
1 c. à s. de sirop d'érable
2,5 dl de sauce teriyaki
1 dl d'eau
15 g de maïzena

Sauce pour le burger

10 g d'ail
50 g de gingembre
10 g de piment rouge
2 c. à s. de sauce soja
1 c. à s. d'huile de sésame
15 g de sucre de canne
5 g de Maïzena

Burger

140 g de kimchi
400 g de tofu fumé
60 g de pickles d'oignons
4 Bao bun*

INSTRUCTIONS

30 min. cuiss. | 20 min. prép.

Le glaçage à la bière

Versez le sucre de canne et la bière dans une poêle et laissez réduire de moitié pendant environ 10 min.
Rajoutez ensuite le sirop d'érable et la sauce teriyaki, puis portez à nouveau à ébullition.
Dans un bol, mélangez bien la maïzena avec l'eau, puis incorporez ce mélange au glaçage. Faites bouillir une dernière fois, puis laissez refroidir avant utilisation.

La sauce

Coupez l'ail, le gingembre et le piment rouge en tout petits dés. Mettez les dés dans une poêle avec tous les autres ingrédients puis portez à ébullition en remuant constamment.
Laissez réduire légèrement pendant 10 min.

Le burger

Coupez le tofu en tranches et faites-le griller dans une poêle antiadhésive jusqu'à ce qu'il soit croustillant.
Coupez les Bao bun en deux et grillez l'intérieur dans la même poêle. Alternativement, les pains peuvent être passés au four.

Le dressage

Déposez le kimchi sur le Bao bun. Ajoutez le tofu grillé par-dessus. Garnissez le tofu avec les pickles d'oignons et déposez une cuillère de sauce pour burger sur le tofu.
Refermez le burger avec le dessus du Bao bun et fixez avec une pique en bois.
Nappez le glaçage teriyaki à la bière en cercle autour du burger.

ASTUCE

Envie de réaliser vos bao maison ? Retrouvez la recette du pain bao à la page 97.

BURGER À L'EFFILOCHÉ DE POULET

Un effiloché de poulet mijoté lentement à la bière ambrée, qui apporte rondeur et profondeur. Sa particularité ? Une sauce cacahuètes onctueuse, légèrement sucrée-salée, qui fait écho aux notes caramélisées de la bière. Une alliance savoureuse et originale, entre street food généreuse et cuisine de caractère.

INGRÉDIENTS

4 PERS.

Effiloché de poulet
4 belles poitrines de poulet
1 cube de bouillon de poulet
33 cl de Chameau (bière ambrée)
1 c. à s. de miel
1 c. à c. d'ail en poudre
1 c. à c. d'herbes de Provence
Sel et poivre

Sauce aux cacahuètes
70 g de beurre de cacahuètes
30 ml de sauce soja salée
20 ml de jus de citron jaune
20 ml de vinaigre de riz
1 c. à c. de gingembre en poudre
20 g de miel

Dressage
250 g de haricots mungo
1 botte d'oignons nouveaux hachés
4 pains à burger

INSTRUCTIONS

30 min. cuiss. | 60 min. prep.

L'effiloché de poulet
Préchauffez le four à 180°C.
Mettez 4 poitrines de poulet dans un bac prévu pour le four et ajoutez-y les herbes de Provence, le miel, la poudre d'ail, du sel et du poivre. Mélangez un cube de bouillon de poule dans 2 dl d'eau chaude, diluez puis versez sur le poulet. Ajoutez 3 dl de Chameau (note : le liquide doit être au-dessus du poulet).

Plantez votre sonde à cuisson dans la partie la plus épaisse du poulet et faites cuire à cœur à 74°C. Réservez une partie du jus de cuisson.
Effilochez le poulet à la main ou au mixeur (si vous êtes pressés).

La sauce cacahuètes
Mélangez dans un bol le beurre de cacahuètes, la sauce soja, le jus de citron, le vinaigre de riz, le miel et le gingembre en poudre.

Le dressage
Réchauffez l'effiloché au four (ou dans une casserole) en le mélangeant à la cacahuète et au reste de jus de cuisson.
Chauffez les pains à burger (au toaster), puis ajoutez une poignée de haricots mungo et l'effiloché de poulet chaud sur les pains.
Garnissez de quelques oignons nouveaux dessus et refermez le burger.

SWAF
SWAF

CHEESEBURGER AUX OIGNONS CARAMÉLISÉS

Un vrai roi de la comfort food. Pain moelleux, steak juteux, oignons fondants et fromage de la région... le tout relevé par une touche de bière. Simple à préparer, mais garanti de faire sensation à table.

INGRÉDIENTS

4 PERS.

Burger

400 g de viande hachée (bœuf, porc ou idéalement un mélange des deux)
1 dl de SWAF (bière blonde légère)
1 jaune d'œuf
1 c. à s. de moutarde

Oignons caramélisés

2 gros oignons rouges
2 c. à s. d'huile d'olive
1 c. à c. de sucre de canne
1 c. à s. de vinaigre balsamique
Sel et poivre

Dressage

4 buns
Fromage à pâte dure, en tranche (de votre choix, ici Brigand du Jorat)
Salade verte
Cornichons en lamelles
Sauce barbecue

INSTRUCTIONS

35 min. cuiss. | 10 min. prep.

Le burger

Mélangez avec les mains la viande hachée, une cuillère à café de sel, une cuillère à soupe de moutarde, le jaune d'œuf, un tour de moulin de poivre et une bonne lampée de bière. Formez 4 belles boulettes de viande et réservez.

Les oignons caramélisés

Coupez les oignons rouges en anneaux assez grossier (5-10 mm de large). Dans une petite casserole, faites suer les oignons à feux doux durant 30 min avec deux cuillères à soupe d'huile, une cuillère à café de sucre, une cuillère à soupe de vinaigre, une pincée de sel et un tour de moulin de poivre, jusqu'à ce qu'ils soient fondants et caramélisés (mais sans qu'ils attachent).

Saisissez la viande dans une poêle bien chaude avec de la matière grasse, 2 min de chaque côté, en écrasant gentiment les burgers (environ 2 cm d'épaisseur). Ajoutez une fine tranche de fromage sur les burgers une fois retournés.

Chauffez les buns au gril.

Le dressage

Tartinez les buns de sauce barbecue et garnissez avec la salade, des tranches de cornichon, les cheeseburgers et surtout un joli tas d'oignons caramélisés !

Servez avec une SWAF bien fraîche !

CRÊPES DE FEUILLES DE RIZ AUX LÉGUMES

Légères, croquantes et colorées, ces crêpes de feuilles de riz sont aussi belles que savoureuses. Parfaites pour un brunch ou un lunch rapide, elles se déclinent (ultra facilement) au fil des saisons avec vos légumes préférés.

INGRÉDIENTS

4 PERS.

1 oignon rouge
1/2 chou rouge
1 carotte
2 oignons frais émincés
70 g de mozzarella râpée
2 c. à s. d'huile d'olive
8 feuilles de papier de riz
Sauce soja
Sel et poivre

INSTRUCTIONS

10 min. cuiss. | 15 min. prep.

Les légumes
Tranchez finement les oignons et le chou rouge (à l'aide d'une mandoline). Faites bien attention de garder votre main bien parallèle pour ne pas vous couper. Coupez la carotte épluchée en julienne. Hachez le vert et le blanc des oignons frais. Dans un bol, mélangez les légumes tranchés, le fromage, le sel et le poivre.

L'assemblage
Faites chauffer une cuillère à soupe d'huile d'olive dans une poêle à feu moyen.
Trempez rapidement une feuille de riz dans de l'eau froide (attention à ce qu'elle ne devienne pas trop molle) et placez-la dans la poêle.
Répartissez uniformément une partie du mélange de légumes sur la feuille de riz sans en mettre sur les bords. Trempez une autre feuille de riz dans l'eau froide et placez-la dessus.
Faites cuire pendant 3 à 5 min jusqu'à ce que le fond soit croustillant et doré.
Retournez délicatement et faites cuire l'autre côté pendant encore 3 à 5 min jusqu'à ce qu'il soit croustillant. Répétez l'opération pour les autres crêpes.

Servez avec de la sauce soja, une petite salade et une Houleuse (bière blanche).

SALADE DE PATATE DOUCE

Une salade hivernale pleine de peps. La douceur de la patate douce (violette !) rencontre la fraîcheur des herbes et une vinaigrette acidulée. Healthy, rapide, et incroyablement colorée.

INGRÉDIENTS

4 PERS.

Salade de patates douces
2 patates douces
1 botte de persil
1 oignon rouge
1/2 citron confit
60 g de pistache

Vinaigrette à la bière
5 cl de Delorean (bière NEIPA)
3 oignons frais
1 c. à s. de moutarde
1 c. à c. de miel
2 c. à s. d'huile d'olive
1 c. à s. d'huile de noisette
Sel et poivre

INSTRUCTIONS

20 min. cuiss. | 10 min. prep.

La salade de patates douces
Épluchez les patates douces puis faites-les cuire à la vapeur pendant 20 min jusqu'à ce qu'elles soient tendres (testez à l'aide d'un couteau planté dans la patate).
Hachez la botte de persil, coupez l'oignon rouge finement et le demi-citron confit.
Torréfiez les pistaches à la poêle sans matière grasse.
Une fois froides, coupez en morceaux les patates douces et réservez.

La vinaigrette à la bière
Émincez la partie blanche de l'oignon frais pour la vinaigrette.
Dans une poêle, faites suer l'oignon pendant 2 à 3 min avec la cuillère d'huile d'olive. Déglacez à la bière, ajoutez le miel, puis laissez réduire 2 à 3 min. Versez dans un bol et laissez refroidir. Quand le mélange est froid, ajoutez la moutarde. Versez l'huile de noisette, le reste de l'huile d'olive et émulsionnez vivement.

Le dressage
Hachez la partie verte de l'oignon. Ajoutez les patates douces, l'oignon rouge, le persil haché, le demi-citron et les pistaches dans un bol. Versez la vinaigrette et mélangez le tout.

PÂTES CARBONARA ROMAINE

Un grand classique italien qui divise, crème ou pas? Cette version fidèle à la tradition mise sur le guanciale et le pecorino, éventuellement adoucis par un peu de parmesan. La touche Dr. Gab's: une bière blanche au blé, pour plus de rondeur et de légèreté.

INGRÉDIENTS

4 PERS.

400 g de pâtes rigatoni
4 œufs
200 g de guanciale
50 g de pecorino romain
Poivre
150 ml de Houleuse (bière blanche)

INSTRUCTIONS

15 min. cuiss. | 10 min. prep.

Coupez le guanciale (en éliminant la partie poivrée) en petit cubes d'un demi-centimètre.

Chauffez une poêle anti-adhésive, puis faites revenir le guanciale pendant 3 min sans ajouter de matière grasse. Ajoutez 100 ml de Houleuse et laissez carméliser le guanciale avec la bière. Il doit devenir légèrement croquant. Réservez la viande avec son jus de gras et de bière.

Chauffez l'eau des pâtes, salez et mettez les pâtes en cuisson. Pendant ce temps, râpez le pecorino. Cassez 3 jaunes d'œuf et un œuf entier dans un petit saladier, mélangez avec un fouet et ajoutez le pecorino et le poivre. Ajoutez au mélange 50 ml de bière et 1-2 petites louches d'eau de cuisson des pâtes.

Lorsque les pâtes sont cuites, égouttez-les puis remettez-les dans la casserole sur feu doux en les mélangeant au guanciale et à son gras. Ajoutez le mélange avec les œufs et remuez en gardant sur feu doux. Mélangez doucement jusqu'à ce que la sauce enrobe bien les pâtes, sans que les œufs ne coagulent. La sauce doit être crémeuse, ni liquide ni granuleuse. Dès que la bonne texture est obtenue, retirez du feu et servez aussitôt. Ajoutez du pecorino et du poivre sur le dessus.

Accompagnez d'une Houleuse bien fraîche!

ANECDOTE

La carbonara serait née à Rome après la Seconde Guerre mondiale, quand les soldats américains troquaient œufs et bacon contre des pâtes. Les Romains y ont ajouté leur touche: pecorino, poivre et guanciale.

SAUMON GRAVLAX

Un saumon fondant, délicatement mariné, parfait pour un brunch gourmand ou un lunch léger. Servi avec une salade (ou sur une tartine), ce gravlax maison allie fraîcheur, simplicité et raffinement.

INGRÉDIENTS

4 PERS.

1 filet de saumon
(environ 500 g avec la peau)
80 g de gros sel
80 g de sucre en poudre
1 c. à c. de baies roses
1 c. à c. de graines de fenouil
1 c. à c. de graines de coriandre
40 g d'aneth hachée

INSTRUCTIONS

24 h. repos | 20 min. prep.

Si besoin, commencez par enlever les arêtes du filet de saumon.

Écrasez dans un mortier les graines de fenouil, de coriandre et les baies roses. Mélangez le sucre et le sel, puis ajoutez les épices et l'aneth hachée. Répartissez une fine couche de ce mélange au fond d'une terrine et déposez-y le filet de saumon côté peau vers le bas. Recouvrez avec le reste du mélange, filmez avec du film alimentaire et laissez mariner au frigo durant 24 h.

Sortez le saumon, rincez-le sous un filet d'eau froide, puis épongez-le avec du papier absorbant. Coupez en tranches fines et servez avec une petite salade et du pain de campagne au levain (cf. p. 117).

À déguster avec une Pépite (bière Pale Ale).

LES BASES DES ACCORDS METS ET BIÈRES

TRILOGIE DES ACCORDS

Il existe trois grandes familles d'accords mets et bière, pour explorer toutes les nuances du goût. L'accord de résonance crée l'harmonie en associant des saveurs proches. L'accord de complémentarité marie des goûts différents mais qui se complètent naturellement. Enfin, l'accord de contraste joue sur l'opposition des saveurs pour créer la surprise. Trois approches, une même promesse : sublimer chaque bouchée avec la bonne gorgée.

ACCORD DE RÉSONANCE

L'idée de ces accords est d'amplifier les saveurs présentes dans la bière en les retrouvant également dans le plat (un écho en quelque sorte). Rien n'est laissé au hasard afin de créer une véritable harmonie gustative en bouche, chacun des deux produits venant renforcer l'expérience de l'autre. Imaginez par exemple une IPA aux notes fruitées résonner avec une salade de fruits tropicaux. De même une viande braisée s'entendra à merveille avec une bière fumée et les amateurs de chocolat et de café adoreront le mariage d'un brownie avec une Stout.

ACCORD DE COMPLÉMENTARITÉ

L'accord de complémentarité repose sur une association de saveurs qui se complètent mutuellement. Plutôt qu'un rappel, on cherche surtout dans cet accord à enrichir l'expérience gustative en alliant des arômes différents mais harmonieux. Un exemple classique ? Un saumon à l'aneth et au citron accompagné d'une bonne bière blanche acidulée aux agrumes (comme notre Houleuse). Pour les amateurs de sucre, essayez d'accompagner vos fondants au chocolat d'une bière aux fruits rouges, un équilibre parfait entre le sucré et l'acidulé dont vous ne pourrez plus vous passer !

ACCORD DE CONTRASTE

Comme son nom l'indique, l'idée est de jouer avec des saveurs opposées pour équilibrer des profils gustatifs forts. Quand une bière ou un plat possède une identité marquée, il est possible de la contraster avec quelque chose de plus léger ou acidulé pour alléger l'expérience. Entre deux gorgées d'une Triple sucrée et liquoreuse, on appréciera d'autant mieux une bouchée de mousse au citron pour apporter un peu de fraîcheur. Tout comme pour venir contraster un dessert un peu lourd, une IPA bien rafraîchissante saura adoucir le palais.

GUIDE DES RESTAURANTS DE FRIBOURG

PAGES 30-35

AU CHASSEUR

Rue de Lausanne 10
1700 Fribourg

PAGE 18

LE DIAPASON

Rue de Locarno 1
1700 Fribourg

PAGE 94

L'UNIQUE

Rte du Lac 29
1634 La Roche

PAGE 72

NOOBA

Grand-Rue 65
1630 Bulle

SOUPERS RAFFINÉS

Gratin dauphinois et sa gremolata
Gnocchis à la butternut
Jarret de veau braisé à la Chameau
Pulled pork à la SWAF et au vin cuit
Ravioles aux palourdes
Fondue à la Tempête
Haut de cuisse de volaille sauce sûpreme
Capuns traditionnels à la viande séchée
Bœuf Wellington
Carbonade végétale
Filet d'agneau en robe d'épinards
Poulpe au four
Tomahawk au bacon et confiture à la Chameau
Pain à la bière

SOUPERS RAFFINÉS

GRATIN DAUPHINOIS ET SA GREMOLATA

Un gratin crémeux et fondant, twisté par une gremolata parfumée au persil qui apporte une note de fraîcheur inattendue. Le parfait équilibre entre tradition et modernité.

INGRÉDIENTS

4 PERS.

Gratin dauphinois

800 g de pommes de terre Monalisa
1 gousse d'ail
5 dl de lait entier
2,5 dl de crème liquide entière
1 noix de muscade
1 noix de beurre
Sel et poivre

Gremolata

1 bouquet de persil plat ciselé
Le zeste d'un citron bio
1 gousse d'ail écrasée
1/2 c. à c. de fleur de sel

INSTRUCTIONS

150 min. cuiss. | 30 min. prep.

Le gratin dauphinois
Préchauffez votre four à 150°C. Épluchez les pommes de terre, puis lavez-les et coupez-les en fines lamelles (vous pouvez utiliser une mandoline à condition de maîtriser cet outil particulièrement dangereux pour les doigts). Ne pas rincer les pommes de terre une fois coupées en lamelles. Épluchez la gousse d'ail. Frottez généreusement le plat de cuisson avec la gousse d'ail. Beurrez le plat de cuisson.

Étalez une première couche de pommes de terre, salez, poivrez et râpez un peu de muscade. Étalez une seconde couche de pommes de terre et répétez l'étape de l'assaisonnement. Si nécessaire, ajoutez des couches jusqu'en haut du plat.

Versez le lait et la crème jusqu'à couvrir à peine les pommes de terre. Vous pouvez aussi utiliser davantage de crème et inverser les proportions lait/crème. Votre gratin dauphinois n'en sera que meilleur.

Enfournez entre 2h30 à 3 h. Surveillez régulièrement le gatin dauphinois pour éviter que le dessus soit brûlé. Si besoin, appuyez légèrement pour bien immerger les pommes de terre.

Pour tester la cuisson du gratin dauphinois, une pointe de couteau devra s'enfoncer sans difficulté.

La gremolata
Préparez la gremolata en mixant tous les ingrédients (grossièrement). Saupoudrez sur le gratin et dégustez accompagné d'une Tempête (bière Triple).

GNOCCHIS À LA BUTTERNUT

Des gnocchis fondants à la courge butternut, pour une alternative originale aux classiques pommes de terre. Un plat facile, réconfortant et plein de douceur, qui met tout le monde d'accord dès la première bouchée.

INGRÉDIENTS

4 PERS.

500 g de courge butternut ou potimarron
400 g de farine blanche
1 jaune d'œuf
Sel et poivre
30 g de beurre
20 feuilles de sauge
Parmesan râpé

INSTRUCTIONS

35 min. cuiss. | 45 min. prep.

Épluchez et coupez le butternut en gros morceaux. Cuisez la courge dans l'eau jusqu'à ce qu'elle soit tendre. Égouttez puis écrasez le butternut à l'aide d'un presse-purée ou d'une fourchette et laissez refroidir. Ajoutez la farine et le jaune d'œuf à la purée de courge, assaisonnez et travaillez rapidement le tout en une pâte lisse (adaptez la quantité de farine en fonction de la texture de la pâte).

Coupez en 4 ou 5 boules, puis formez des boudins d'environ 2 cm d'épaisseur. Coupez en tronçons d'environ 2 cm. Utilisez les gnocchis tels quels ou réalisez les rainures avec le dos d'une fourchette.

La cuisson
Faites-les cuire délicatement dans une eau salée (ils sont cuits dès qu'ils remontent à la surface) puis refroidissez-les dans l'eau froide, séchez et réservez.
Faites fondre le beurre dans une poêle, ajoutez les feuilles de sauge et faites dorer les gnocchis.

Servez avec du parmesan et une Tempête (bière Triple).

JARRET DE VEAU BRAISÉ À LA CHAMEAU

Le goût rond et légèrement épicé de la Chameau obtenu grâce à la fermentation d'orge et d'avoine se marie parfaitement avec ce jarret de veau braisé.

INGRÉDIENTS

4 PERS.

4 jarrets de veau
d'environ 250-300 g la pièce
1 bouquet garni (thym, laurier, romarin)
1 dl d'huile neutre
180 g de mirepoix
(mélange de carottes, oignons, céleri et blanc de poireau coupés en petits dés)
20 g de concentré de tomates
5 dl de fond brun de veau
5 dl de Chameau (bière ambrée)
Farine

INSTRUCTIONS

100 min. cuiss. | 20 min. prep.

Faites chauffer le four à 140°C. Puis farinez légèrement les jarrets de veau en prenant soin d'enlever l'excédent de farine. Faites chauffer l'huile dans une cocotte allant au four, marquez les morceaux sur les deux côtés pendant environ 4-5 min à feu moyen.

Réservez la viande à part et retirez l'excèdent de gras dans la cocotte. Ajoutez-y la mirepoix et faites-la suer un instant. Faites pincer* avec le concentré de tomates puis déglacez les sucs avec la bière Chameau. Mouillez ensuite avec le fond de veau.
Remettez les jarrets de veau dans la cocotte et faites cuire au four à couvert pendant 1h30.

Contrôlez la cuisson en piquant avec la pointe d'un couteau. Sortez les morceaux de viande, retirez le bouquet garni et faites réduire la sauce.
Rectifiez l'assaisonnement et dégustez avec des gnocchis (cf. p. 93) ou un bon risotto (cf. p. 41).

ASTUCE

Faire pincer: cette méthode consiste à cuire légèrement le concentré de tomates dans une matière grasse chaude jusqu'à ce qu'il prenne une couleur plus foncée. L'objectif de cette étape permet de caraméliser les sucres naturels du concentré, ce qui intensifie le goût et réduit l'acidité. Vous obtenez une base de sauce avec des arômes plus riches et une belle profondeur de saveur. Attention, veillez à mélanger constamment pour éviter de brûler le concentré, car cela peut donner une amertume désagréable.

PULLED PORK À LA SWAF ET AU VIN CUIT

Une viande fondante, longuement confite à la bière SWAF et parfumée d'une touche de vin cuit. Ce pulled pork, généreux et juteux, s'effiloche à la fourchette et s'impose comme la définition même de la comfort food.

INGRÉDIENTS

4 PERS.

1 kg d'épaule de porc
2 oignons
2,5 dl de SWAF (bière Lager)
1 c. à s. de vin cuit (raisinée)
1/2 c. à c. de piment en poudre
1 c. à s. de concentré de tomates
Sel, sucre
Poivre noir du moulin
Huile d'olive

INSTRUCTIONS

12 h. repos | 6h30 min. cuiss. | 30 min. prep.

Enduisez la viande d'huile d'olive et assaisonnez-la de toutes parts avec du poivre noir, du sel, et une jolie pincée de sucre. Réservez au frigo quelques heures (idéalement toute la nuit).

Sortez la viande du frigo 1 h avant de la cuire.

Épluchez les oignons, taillez-les en deux, puis détaillez-les en lamelles. Dans une cocotte en fonte, faites colorer les oignons pendant 5 min dans l'huile d'olive (ainsi ils donneront un goût caramélisé à la sauce). Posez la viande dessus, ajoutez la bière, puis couvrez la cocotte et glissez-la dans le four préchauffé à 120°C pendant 6 h.

Sortez la viande de la cocotte et effilochez-la avec une fourchette. Pendant ce temps, ajoutez le piment et le concentré de tomates dans la sauce et laissez réduire 5 à 10 min à feu moyen. Ajoutez le vin cuit et faites cuire quelques minutes supplémentaires. La sauce doit avoir une consistance un peu sirupeuse pour bien enrober la viande. Pour lisser et épaissir la sauce, vous pouvez utiliser un mixeur plongeur (fac.).

Ajoutez l'effiloché dans la cocotte et mélangez.

BAO BUN MAISON

Mélangez 150 g de farine, 0,5 c. à c. de levure sèche et 0,5 c. à c. de sel. Ajoutez 0,75 dl d'eau et 1 c. à s. d'huile. Pétrissez jusqu'à obtention d'une pâte lisse. Laissez lever 2 h à température ambiante. Coupez 4 boules et aplatissez-les en disque de 5 mm.

Laissez à couvert 30 min supplémentaires. Abaissez en oval, badigeonnez d'un peu d'huile puis repliez en deux. Laissez les buns gonfler pendant 30-45 min puis faites cuire à la vapeur à 100°C pendant 15-20 min.

RAVIOLES AUX PALOURDES

Un plat chic et élégant, pensé pour tous les amateurs de saveurs iodées. Accompagné d'une Houleuse bien fraîche, il en impose à coup sûr et promet de faire sensation à table.

INGRÉDIENTS

4 PERS.

Ravioles aux palourdes

1 kg de palourdes
1 paquet de pâtes à ravioles chinoises fraîches
1 branche de citronnelle
2 échalotes
1 gousse d'ail
1 bouquet de thym

Légumes

6 cœurs de chou pak choï
1 botte d'asperges vertes
100 g de parmesan râpé
20 cl de vin blanc sec
80 g de beurre
20 cl de crème fraîche
Sel et poivre

INSTRUCTIONS

15 min. cuiss. | 60 min. prep.

Les palourdes
Ciselez l'échalote et l'ail puis mettez à saisir dans une noisette de beurre pendant 2 min. Ajoutez le vin blanc, le bouquet de thym et plongez les coquillages lavés. Faites cuire à couvert jusqu'à ce que tous les coquillages soient ouverts. Mettez de côté 6 palourdes pour décorer le plat et décortiquez le reste pour la farce. Réservez le jus de cuisson.

Le bouillon
Passez le jus de cuisson dans une étamine très fine ou un torchon puis faites-le réduire avec la citronnelle ciselée. Maintenez la préparation au chaud dans un bain-marie.
Émulsionnez 40 cl de bouillon avec le jus d'un demi-citron et un peu de beurre (avec un mixeur plongeant) jusqu'à obtenir une belle écume.

Les asperges et pak choï
Épluchez et coupez les asperges en deux. Faites-les revenir dans un peu de beurre, salez et poivrez puis réservez de côté. Détaillez les cœurs de pak choï en deux et faites-les blanchir rapidement à l'eau bouillante salée. Refroidissez aussitôt dans de l'eau glacée.

Les ravioles
Mélangez les palourdes décortiquées avec la crème fraîche et le parmesan. Salez et poivrez.
Badigeonnez d'eau le contour de chaque feuille de pâte à ravioles à l'aide d'un pinceau. Déposez une cuillère de farce au centre puis recouvrez d'une deuxième feuille de pâte en appuyant sur les bords (pour bien souder la raviole). Découpez avec un emporte-pièce de 5 cm de diamètre. Mettez de l'eau salée à frémir et faites cuire les ravioles 2 min.

Le dressage
Versez dans des assiettes creuses le bouillon de coquillages mousseux.
Disposez dans chaque assiette 3 ravioles, les coquillages réservés et l'écume de persil au centre. Décorez avec un cœur de pak choï légèrement ébouillanté et des asperges. Servez aussitôt avec une Houleuse (bière blanche).

Dr.Gab's

FONDUE À LA TEMPÊTE

Un grand classique suisse, revisité avec notre bière pour une fondue tout en rondeur et en caractère. C'est aussi le rituel de fin d'année à la brasserie : chaque Noël, toute l'équipe se retrouve autour de grands caquelons fumants. Un plat généreux, symbole de partage et de fête.

INGRÉDIENTS

4 PERS.

400 g de Vacherin Fribourgeois AOP râpé
400 g de Gruyère AOP râpé (ou votre mélange à fondue favori)
1 gousse d'ail
30 cl de Tempête (bière Triple)
1 c. à c. de maïzena (au besoin)
Poivre noir

INSTRUCTIONS

15 min. cuiss.

Frottez l'intérieur avec la gousse d'ail coupée en deux. Vous pouvez la laisser dans le fond pour renforcer l'arôme.

Versez les 3 dl de bière dans le caquelon. Faites chauffer à feu moyen jusqu'à frémissement (sans bouillir). Ajoutez progressivement les fromages râpés, en remuant constamment avec une spatule en bois (mouvement en 8), jusqu'à ce que le mélange soit lisse et fondu.

Au besoin, et selon la texture de votre fondue, délayez la maïzena dans un peu de bière, puis versez dans le fromage. Continuez à remuer jusqu'à ce que la fondue épaississe légèrement et devienne bien onctueuse.

Poivrez généreusement. Goûtez et ajustez selon votre préférence.

HAUT DE CUISSE DE VOLAILLE SAUCE SUPRÊME

Une des recettes de sauce incontournable tout en légèreté et en gourmandise (revisitée avec de la bière) ! Un peu de technique mais une fois que vous la maîtrisez, ce sera votre indispensable.

INGRÉDIENTS

4 PERS.

Volaille et sauce suprême
20 cl de crème liquide
20 cl de Houleuse (bière blanche)
25 cl de fond blanc de volaille
20 g de beurre
1 citron jaune
Piment d'Espelette
4 hauts de cuisse de volaille

Légumes
1 botte d'asperges vertes
600 g de chanterelles fraîches
2 échalotes
2 gousses d'ail
20 g de beurre
1 c. à s. de persil plat
Sel et poivre

INSTRUCTIONS

25 min. cuiss. | 20 min. prép.

Les hauts de cuisse
Saisissez sur peau les hauts de cuisse à feu fort avec de l'huile d'olive ou du beurre clarifié (ghee). Laissez cuire à couvert pendant 10 min à feu moyen.

La sauce suprême
Faites réduire la bière à feu moyen presque à glace.
Montez la crème en crème fouettée dans un saladier bien frais. Ajoutez le fond de volaille à la bière réduite.
Montez au beurre la réduction, c'est-à-dire incorporez du beurre tout en fouettant pour créer une émulsion. Ajoutez un jus d'un demi-citron. Assaisonnez avec du sel, du poivre et un peu de piment d'Espelette.
Incorporez la crème fouettée juste avant de servir. Attention de ne plus faire bouillir la sauce.

Les asperges
Taillez la base des asperges et épluchez-les légèrement si nécessaire. Plongez-les 5 à 6 min dans une grande casserole d'eau bouillante salée. Égouttez, puis assaisonnez d'un filet d'huile d'olive ou d'une noisette de beurre.

Les chanterelles
Nettoyez soigneusement les chanterelles. Émincez l'échalote et l'ail. Faites fondre le beurre dans une poêle et ajoutez l'échalote et l'ail, laissez revenir 2 min. Ajoutez les champignons, salez et poivrez, puis laissez cuire 6 à 8 min à feu moyen. Parsemez de persil plat haché en fin de cuisson.

À déguster avec une Delorean (bière NEIPA).

CAPUNS TRADITIONNELS À LA VIANDE SÉCHÉE

Un plat emblématique des Grisons, entre simplicité paysanne et héritage gourmand. Ces petits rouleaux de pâte et de charcuterie, enrobés de feuilles de blette, réchauffent les cœurs comme les hivers alpins.

INGRÉDIENTS

4 PERS.

100 g de Salsiz ou gendarme
100 g de viande séchée des Grisons
100 g de lardons fumés
250 g de farine fleur ou à spätzli
1 œuf
1 dl de lait
1 dl de bière Tempête (bière Triple)
Sel et poivre
Noix de muscade râpée
1/2 bouquet de ciboulette
1/2 bouquet de persil plat
4 feuilles de menthe
2 feuilles de livèche
24 feuilles de blette
1 c. à s. de beurre
1 c. à s. d'huile de colza
1,5 dl de bouillon de poule
1,5 dl de crème liquide

INSTRUCTIONS

30 min. repos. | 25 min. cuiss. | 60 min. prep.

La pâte
Dans un grand bol, mélangez la farine, l'œuf, le lait et la bière. Salez et poivrez à convenance. Mélangez jusqu'à obtenir une pâte homogène.

Coupez le Salsiz et la viande séchée en très petits dés et incorporez-les à la pâte. Hachez finement les herbes aromatiques, puis ajoutez-les à la pâte. Mélangez bien et laissez reposer la pâte pendant 30 min.

Les feuilles de blette
Rincez soigneusement les feuilles de blette et faites-les blanchir par portions dans de l'eau bouillante salée pendant environ 2 min. Faites-les refroidir immédiatement dans de l'eau glacée, égouttez-les et étalez-les sur un linge pour les sécher.

Les capuns
Disposez les feuilles de blette sur le plan de travail et enlevez les tiges. Placez environ une cuillère à soupe de farce au centre de chaque feuille, repliez les bords longs des feuilles sur la farce et roulez ou pliez les feuilles en petits paquets. Si les feuilles sont grandes, coupez l'excédent.

La cuisson
Préchauffez le four à 180°C. Faites chauffer le beurre et l'huile dans une poêle et faites dorer les capuns des deux côtés, par portions. Déposez-les ensuite dans un plat allant au four.

Mélangez le bouillon avec la crème, faites revenir les lardons à la poêle et ajoutez-les au mélange de bouillon. Versez le liquide sur les capuns. Couvrez le plat avec du papier aluminium et faites cuire environ 25 min au four.

Le dressage
Servez les capuns bien chauds, dans des assiettes creuses, avec le bouillon crémé.

BŒUF WELLINGTON

Une recette emblématique des fêtes, généreuse et pleine de caractère. Le bœuf Wellington impressionne, mais ne vous en faites pas : malgré ses (nombreuses) étapes, ce plat est assez facile à réaliser. Et le résultat en vaut largement la peine.

INGRÉDIENTS

4 PERS.

750 g de filet de bœuf
400 g de champignons de Paris
6 à 8 tranches de jambon cru
1 c. à s. de moutarde forte
500 g de pâte feuilletée
2 jaunes d'œufs
Huile d'olive
Sel et poivre
Fleur de sel

INSTRUCTIONS

25 min. repos. | 50 min. cuiss. | 45 min. prép.

La duxelles de champignons
Coupez les champignons et mixez-les jusqu'à obtenir une pâte homogène. Assaisonnez de sel et de poivre, puis faites cuire dans une poêle sans matière grasse pendant environ 15 min pour en retirer toute l'humidité. Au besoin, utilisez la technique de la cheminée en plaçant une feuille de papier sulfurisé avec cheminée au contact des champignons. Réservez au frais.

Le filet de bœuf
Assaisonnez le filet de bœuf avec du sel et du poivre, puis saisissez-le sur toutes les faces dans une poêle bien chaude avec un filet d'huile d'olive.
Laissez-le refroidir, puis badigeonnez-le de moutarde à l'aide d'un pinceau.

Le Wellington
Sur un plan de travail, déroulez un grand morceau de film alimentaire. Disposez dessus les tranches de jambon cru en les faisant se chevaucher légèrement. Étalez uniformément la duxelles de champignons sur le jambon à l'aide d'une spatule. Placez le filet de bœuf au centre, puis roulez le tout soigneusement à l'aide du film pour former un boudin bien serré. Fermez bien les extrémités et laissez reposer au frigo pendant 15 min.
Déroulez la pâte feuilletée. Retirez le filet du film alimentaire et placez-le au centre de la pâte. Badigeonnez les bords de la pâte avec du jaune d'œuf, repliez-la soigneusement autour du bœuf et retournez le tout pour que la fermeture soit en dessous. Retirez les excédents de pâte, puis dorez l'ensemble avec le reste de jaune d'œuf à l'aide d'un pinceau. Décorez si vous le souhaitez avec le dos d'un couteau. Saupoudrez de fleur de sel.

La cuisson
Préchauffez votre four à 200°C. Enfournez le bœuf Wellington pour environ 35 min. La pâte doit être dorée et croustillante, tandis que le bœuf doit rester saignant (environ 53 à 55°C à cœur).

Le dressage
Laissez reposer 15 min hors du four avant de découper. Servez en tranches épaisses, accompagné de pommes de terre sautées, de légumes de saison... et d'une bonne Chameau (bière ambrée) !

CARBONADE VÉGÉTALE

Une carbonade inspirée du Nord, revisitée en version végétale. La bière ambrée apporte rondeur et caractère, tandis que le céleri remplace la viande avec finesse. Une recette simple, généreuse et réconfortante – parfaite pour affronter les journées froides.

INGRÉDIENTS

4 PERS.

33 cl de Chameau (bière ambrée)
2 céleris boule
1 carotte
200 g de champignons de Paris
2 oignons
3 gousses d'ail pelées
30 g de beurre
20 g de cassonade
10 cl de vinaigre de cidre
4 tranches de pain d'épices
60 cl de bouillon de légumes
1 c. à s. de moutarde
1 branche de thym
1 feuille de laurier
Sel et poivre

INSTRUCTIONS

90 min. cuiss. | 15 min. prep.

Préchauffez votre four à 160°C. Épluchez tous les légumes. Émincez les oignons, taillez en gros cubes les céleris et les carottes et coupez les champignons en deux.

Dans une cocotte, mettez le beurre et faites colorer les oignons avec l'ail. Ajoutez la cassonade et laissez caraméliser. Ajoutez le vinaigre de cidre et laissez cuire 3 min supplémentaires. Ajoutez le céleri, les carottes et les champignons, et faites cuire le tout pendant 5 min. Ajoutez 3 pincées de sel et 4 tours de moulin à poivre. Recouvrez la préparation avec la Chameau et montez à ébullition. Complétez avec le bouillon de légumes puis ajoutez le thym et le laurier. Recouvrez vos tranches de pain d'épices avec de la moutarde, puis déposez-les dans la cocotte. Pensez à bien les plonger dans le bouillon.

Couvrez la cocotte et enfournez à 160°C pendant 1h30.

C'est le moment de déguster ! Vous pouvez accompagner le plat avec des pommes de terre.

FILET D'AGNEAU EN ROBE D'ÉPINARDS

Un plat raffiné, à la fois technique et généreux. Cette ballotine d'agneau, farcie avec délicatesse et sublimée par une sauce à la bière Pépite, promet d'en mettre plein les yeux... et les papilles. Idéale pour une occasion spéciale.

INGRÉDIENTS

4 PERS.

Ballotine d'agneau
2 filets d'agneau
100 g de filet de poulet
80 g de crème 35%
1 blanc d'œuf
Sel, poivre, piment d'Espelette
80 g d'épinards frais
4 belles feuilles d'épinards
pour le décor

Sauce
2 bouteilles de 33 cl de bière Pépite
(bière Pale Ale)
1 échalote
1 brin de romarin
2 dl de crème 35%
1 dl de jus de veau
(ou fond de veau dilué)
Huile d'olive ou beurre
2 dl d'huile d'olive

INSTRUCTIONS

15 min. repos. | 35 min. cuiss. | 60 min. prep.

La ballotine d'agneau
Préparez la farce en mixant le filet de poulet avec le blanc d'œuf, une pincée de sel, 40 g d'épinards, un peu de poivre et de piment d'Espelette. Ajoutez la crème et mixez à nouveau jusqu'à obtenir une texture lisse. Salez et poivrez les filets d'agneau, puis collez-les ensemble. Réservez de côté. Formez la ballotine. Pour ceci, déroulez un grand morceau de film alimentaire sur le plan de travail puis étalez la farce en une fine couche rectangulaire. Déposez les jolies feuilles d'épinards sur la farce, puis placez l'agneau dessus. Roulez serré en vous aidant du film alimentaire. Nouez les extrémités du film (pour que ça ressemble à un bonbon). Placez la ballotine au congélateur pendant 10 min pour la raffermir.

La sauce à la Pépite
Épluchez et coupez l'échalote en petits morceaux puis faites-la revenir dans une casserole (avec un peu d'huile d'olive ou du beurre). Ajoutez le romarin et laissez cuire doucement sans coloration. Versez la bière dans la casserole et laissez réduire (évaporer) jusqu'à ce qu'il ne reste qu'un tiers du liquide. Versez la crème et le fond de veau, puis laissez cuire à feu doux jusqu'à ce que la sauce épaississe légèrement.

L'huile verde
Dans un mixeur, mettez 2 dl d'huile d'olive et 30 g de feuilles d'épinards, mixez jusqu'à 67°C, puis passez le mélange dans un tissu ou deux couches de papier ménage.

Cuisson
Portez une grande casserole d'eau à ébullition. Retirez du feu, puis plongez la ballotine dans l'eau chaude. Laissez cuire 5 min à petit bouillon puis 30 min de plus sans remettre sur le feu. Sortez la ballotine et laissez-la reposer 5 min avant de retirer le film alimentaire.

Dressage
Coupez la ballotine en 4 morceaux. Si vous aimez le côté «grillé», vous pouvez passer chaque tranche à la poêle. Déposez sur une assiette recouverte de papier absorbant pour retirer l'excès d'humidité. Nappez les assiettes de sauce et ajoutez quelques gouttes d'huile d'épinard (pour une touche finale élégante) puis posez la viande au centre.

POULPE AU FOUR

Un plat plein de caractère, entre terre et mer, qui évoque les embruns de l'océan. Ce poulpe rôti, tendre et savoureux, accompagné de pommes de terre fondantes et de cime di rapa, rend hommage à la cuisine portugaise avec simplicité, authenticité... et beaucoup de goût. Un « must do » pour les amateurs de poulpe !

INGRÉDIENTS

4 PERS.

1 kg de poulpe
2 c. à s. de sel
500 g de cima di rapa (brocoli rave)
4 feuilles de laurier
1 citron
2 gousses d'ail
500 g de pommes de terre type fingerling
Persil frais (selon goût)
200 ml d'huile d'olive

INSTRUCTIONS

12 h. repos | 120 min. cuiss. | 30 min. prep.

Le poulpe
Si vous utilisez un poulpe frais, nettoyez-le et placez-le au congélateur. Cela le rendra plus tendre après cuisson. Dans une grande casserole, mettez le poulpe congelé avec un demi-citron, une gousse d'ail, les feuilles de laurier, le sel et une grande quantité d'eau froide. Portez lentement à ébullition. Une fois que l'eau bout, comptez 80 min de cuisson.

Laissez le poulpe refroidir dans son eau de cuisson jusqu'à température ambiante. Si possible, laissez-le reposer dans cette eau jusqu'au lendemain. Préchauffez le four à 180°C.

La garniture
Lavez et rincez les pommes de terre. Disposez-les sur une plaque, arrosez généreusement d'huile d'olive, salez et enfournez pendant 27 min.
Pour les cime di rapa, séparez les fleurs, taillez les tiges épaisses, rincez, puis faites-les bouillir 8 min. Égouttez et plongez-les dans de l'eau glacée pour stopper la cuisson.

La cuisson
Faites chauffer une grande poêle avec de l'huile d'olive. Hachez finement la gousse d'ail restante et ajoutez-la à la poêle chaude. Ajoutez le poulpe, les pommes de terre et les cime di rapa dans la poêle. Couvrez avec un couvercle pour éviter les éclaboussures. Surveillez la cuisson : lorsque les extrémités des tentacules deviennent croustillantes, le plat est prêt.

Le dressage
Servez dans des assiettes chaudes, parsemez de persil frais haché et ajoutez un filet de jus de citron.

À déguster avec une Houleuse (bière blanche).

TOMAHAWK AU BACON ET CONFITURE À LA CHAMEAU

Un plat qui ne fait pas dans la demi-mesure : généreux, fumé, fondant et (très) décadent. Ce tomahawk, nappé de confiture à la bière et croustillant de bacon, s'inspire des grands classiques du BBQ américain.

INGRÉDIENTS

4 PERS.

Steak

1 steak tomahawk (900 g - 1,3 kg)
Huile d'olive
Sel et poivre

Confiture bacon et bière

400 g de bacon
2 oignons (finement hachés)
2 gousses d'ail (finement hachées)
50 g de cassonade
120 ml de Chameau (bière ambrée)
2 c. à s. de vinaigre balsamique
1 c. à s. de sirop d'érable
1 pincée de flocons de piment

INSTRUCTIONS

105 min. cuiss. | 20 min. prép.

Le steak fumé

Préchauffez le fumoir à 110°C.
Huilez les deux côtés de votre steak avec de l'huile d'olive. Ajoutez du sel et du poivre des deux côtés. Fumez le tomahawk jusqu'à ce qu'il soit mi-saignant, entre 45 min et 60 min.
Retirez du fumoir et saisissez le steak à feu très vif des deux côtés, environ 1 à 3 min de chaque côté. Couvrez le steak sans serrer le papier aluminium et laissez-le reposer à température ambiante pendant environ 10 min.
Si vous n'avez pas de fumoir, vous pouvez cuire votre steak au four ou au BBQ, ce sera excellent aussi !

La confiture bacon et bière

Préparez le bacon en le coupant en petits morceaux. Ajoutez les dés dans une poêle froide et faites cuire à feu moyen jusqu'à ce que le bacon commence à devenir croustillant, environ 5 à 8 min. Ajoutez les oignons et faites-les revenir à feu moyen-doux jusqu'à ce qu'ils commencent à caraméliser, environ 8 à 10 min. Ajoutez l'ail haché et faites cuire encore 2 min. Déglacez avec la Chameau en n'oubliant pas de gratter le fond de la poêle avec une spatule pour enlever les éventuels morceaux qui auraient pu coller à la poêle. Ajoutez la cassonade, le vinaigre balsamique, le sirop d'érable et les flocons de piment. Remuez les ingrédients et faites cuire à feu doux pendant environ 20 à 30 min, jusqu'à ce que le mélange devienne épais et collant.

Le dressage

Versez la confiture de bacon et de bière sur le tomahawk et savourez !

ASTUCE

Mettez la confiture de bacon dans un bocal stérilisé. Laissez refroidir avant de fermer hermétiquement. La confiture peut se conserver au frigo jusqu'à 2 semaines.

PAIN À LA BIÈRE

Un pain rustique à la mie moelleuse et à la croûte dorée, qui cuit lentement en cocotte ! La bière lui apporte des arômes subtils et une belle profondeur. Parfait pour accompagner les plats du livre... ou simplement pour saucer.

INGRÉDIENTS

4 PERS.

30 g de levure fraîche
40 g de beurre fondu
8 g de sel
1/2 c. à s. de miel liquide
3,5 dl de Pépite (bière Pale Ale)

INSTRUCTIONS

18 h. repos | 30 min. cuiss. | 15 min. prep.

Mélangez l'ensemble des ingrédients et pétrissez pendant 10 min. La pâte ne doit pas être trop molle et doit se détacher facilement du récipient de pétrissage. La quantité de liquide peut varier selon le type de farine.

Couvrez et laissez lever pendant 16 h environ dans un endroit tempéré. Pétrissez de nouveau 2 min, formez une boule et laissez reposer environ 2 h. Préchauffez le four, la cocotte et son couvercle à 240°C.

Faites cuire en plaçant la cocotte au milieu du four, selon votre choix :
- avec couvercle : 30 min
- sans couvercle : 20 min

ANECDOTE

Avant que la levure de boulanger ne soit courante, on utilisait souvent de la bière pour faire lever le pain. Ses bulles et ses levures naturelles donnaient du moelleux... et une saveur maltée unique. Une tradition ancienne qui revient au goût du jour, avec du caractère !

BRASSER DURABLEMENT

Chez Dr. Gab's, on aime les bonnes bières, les bons moments, mais aussi les bons gestes. En plus de nos recettes, un autre projet infusait dans nos envies: celui de l'engagement durable. Pour nous, ce n'est pas seulement un concept à la mode qu'on saupoudre sur nos étiquettes pour se donner bonne conscience, mais ça fait partie intégrante de notre processus de brassage depuis toujours. Et tout ça sans jamais sacrifier la qualité (ni le goût) de vos bières préférées!

Ça commence par le plus évident: les déchets que peut produire l'emballage de nos bières, à savoir nos bouteilles. Dès le début, on a fait un choix clair, celui de la réutilisation. Concrètement? On récupère nos bouteilles, on les lave soigneusement et on les réutilise. Grâce à un circuit de collecte chez nos partenaires engagés ou directement dans certaines déchèteries locales, une grande partie de nos bouteilles reviennent directement à la brasserie. Il n'est donc pas complètement impossible que la bouteille de Pépite que vous avez utilisée pour cuisiner vos arancinis ait auparavant conservé la Ténébreuse parfaite pour pâtisser une mousse au chocolat!

Les déchets, ce sont aussi ceux que nous produisons lors de la fabrication de nos bières et il faut bien avouer que chaque brassin produit une belle quantité de drêches (si vous avez bien suivi, vous savez désormais que c'est ce qu'il reste du malt après l'extraction des sucres). Mais est-ce vraiment un déchet? Eh non! Les drêches sont en fait pleines de ressources et on ne pouvait pas perdre quelque chose d'aussi précieux. C'est pourquoi nous les réutilisons en fourrage, en compost ou encore en méthanisation.

DR. GAB'S
DR. GAB'S
DR. GAB'S

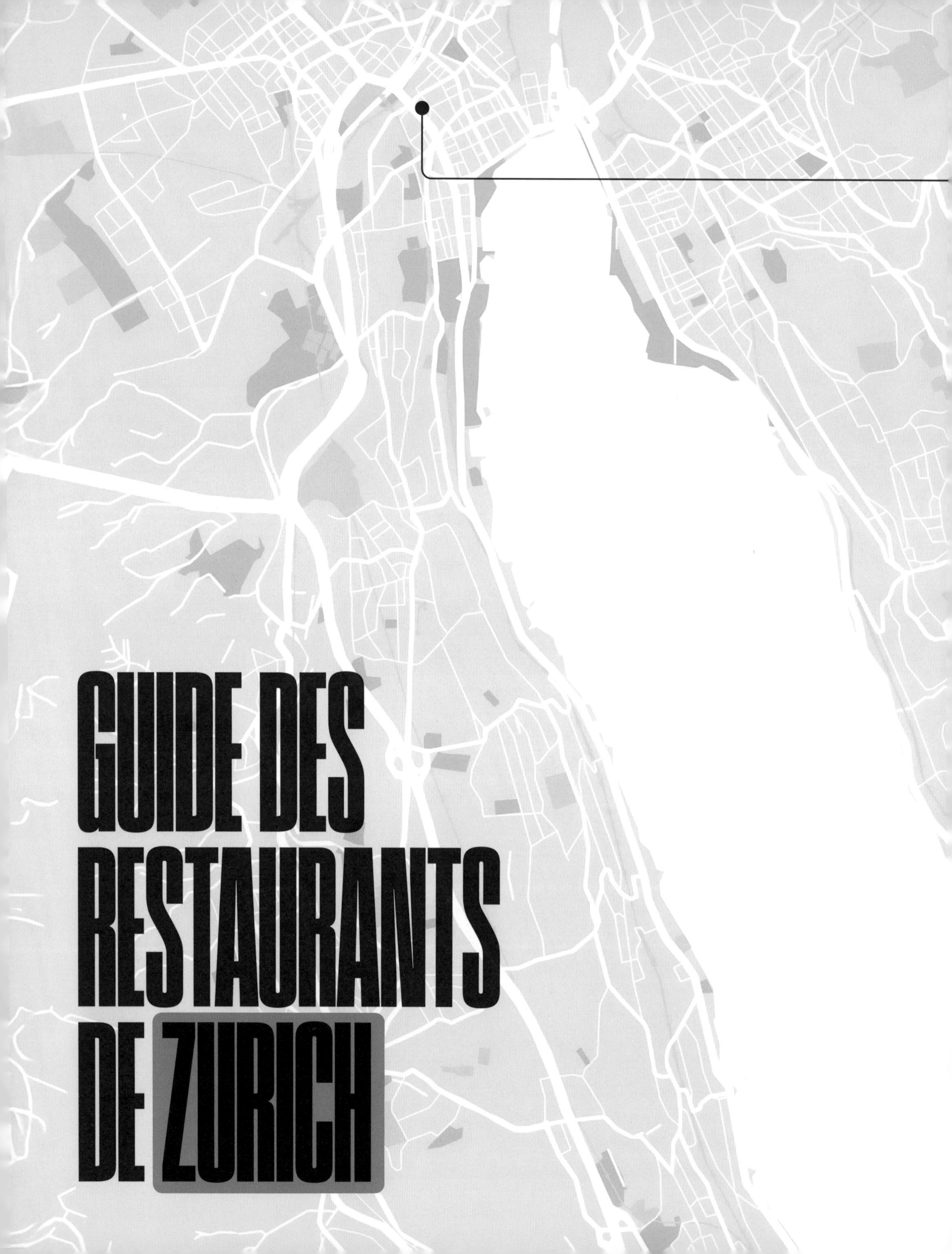

GUIDE DES RESTAURANTS DE ZURICH

PAGE 46

OLD INN

Bleicherweg 47
8002 Zurich

PAGE 112

FISCHSTÜBLI

Schiffländestrasse 15
8703 Erlenbach

DESSERTS GOURMANDS

Mousse au chocolat à la Ténébreuse

Verrine aux pommes

Crumble aux poires

Pudding collant au toffee et à la Ténébreuse

Crème brûlée à la Houleuse

Gâteau à la vapeur à la purée d'oléagineux

DESSERTS GOURMANDS

MOUSSE AU CHOCOLAT À LA TÉNÉBREUSE

Une mousse onctueuse et intense, sublimée par la profondeur d'une bière Stout. Sa touche délicate équilibre le sucre et apporte ce petit quelque chose qui donne un irrésistible goût de « reviens-y ».

INGRÉDIENTS

4 PERS.

300 g de crème
6 blancs d'œufs
5 jaunes d'œufs
105 g de sucre
170 g de chocolat 70%
60 g de Ténébreuse (bière Stout)
Fleur de sel
Huile d'olive

INSTRUCTIONS

15 min. prep.

Avec un fouet (ou au mixeur), montez la crème avec 15 g de sucre.
Mélangez les jaunes d'œufs avec 75 g de sucre.
Montez les blancs en neige avec 15 g de sucre.

Faites fondre le chocolat au bain-marie en ajoutant 60 g de Ténébreuse (miam !).

Ajoutez le chocolat au mélange sucre et jaunes d'œufs puis ajoutez les blancs et la crème montée (délicatement).
Servez avec un filet d'huile d'olive et de la fleur de sel.

ANECDOTE

La mousse au chocolat aurait été popularisée au XVIIIe siècle par les cuisiniers français qui la surnommaient alors « écume de chocolat ». On la servait dans les salons bourgeois... bien avant qu'elle ne devienne un classique du frigo familial !

VERRINE AUX POMMES

Des pommes fondantes, un caramel généreux, une pâte croustillante... Cette tarte Tatin revisitée mêle douceur et intensité. Inspirée à la fois des souvenirs d'enfance et des fins de service partagées entre amis, elle réconforte dès la première bouchée.

INGRÉDIENTS

4 PERS.

Crumble
50 g de poudre d'amandes
50 g de sucre
50 g de farine
50 g de beurre

Crémeux au cidre
50 ml de Crafty (cidre de pomme)
200 ml de crème entière 35%
40 g de sucre
50 g de jaunes d'œufs
2 feuilles de gélatine (soit 4 g)

Pommes caramélisées
4 pommes gala
300 g de sucre
80 g de Crafty (cidre de pommes)

Chantilly Crafty
200 ml de crème entière 30%
20 g de sucre glace
100 ml de Crafty (cidre de pommes)

INSTRUCTIONS

120 min. repos | 180 min. cuiss. | 45 min. prep.

Le crumble
Préchauffez le four à 180°C.
Mettez tous les ingrédients dans un saladier et malaxez jusqu'à obtention d'une pâte homogène. Formez des petits rochers irréguliers sur une plaque de cuisson (papier cuisson à mettre au préalable).
Faites cuire 12 min à 180°C.

Le crémeux au cidre
Faites tremper les deux feuilles de gélatine dans l'eau froide.
Mélangez les jaunes et le sucre dans un saladier, puis réservez. Mettez le cidre et la crème dans une casserole et une fois le mélange à ébullition, versez-le sur les jaunes et le sucre. Mélangez et remettez le tout dans la casserole à feu doux jusqu'à ce que vous atteigniez 83°C. Si vous n'avez pas de thermomètre, stoppez la cuisson à la première bulle tout en continuant à remuer et incorporez-y la gélatine.
Munissez-vous des verres à bière. Pour donner l'effet escompté, penchez le verre à 45° tout en versant le crémeux. Laissez prendre au frais puis répétez l'opération de l'autre côté.

Les pommes caramélisées
Faites préchauffer le four à 190°C. Pelez, videz et coupez les pommes en 8 quartiers. Placez le sucre dans une casserole et mettez-le à chauffer à feu vif en mélangeant à l'aide d'une cuillère en bois, jusqu'à obtention d'un caramel. Versez le caramel dans un plat adapté pour une cuisson au four, ajoutez-y les pommes. Couvrez le tout avec du papier aluminium hermétiquement et placez au four pendant 40 min. Mélangez à mi-cuisson. À la fin de celle-ci, versez le cidre sur les pommes, mélangez légèrement et réservez.

La chantilly crafty
Placez la crème, le sucre glace et le cidre dans un saladier, mixez puis versez dans un siphon. Incorporez deux cartouches de gaz et placez au frigo pendant 2 h.

Dressage
Récupérez les verres au frigo et placez les quartiers de pommes légèrement égouttés. Ajoutez quelques rochers de crumble puis finissez avec la chantilly Crafty au siphon. Pour finaliser votre dressage, vous pouvez ajouter des pommes et du crumble sur la chantilly comme décoration.

CRUMBLE AUX POIRES

Un dessert simple et efficace, parfait pour réconforter en toute saison. Sa pâte volontairement compacte apporte une touche encore plus gourmande et croquante.

INGRÉDIENTS

4 PERS.

200 g de beurre ramolli
200 g de sucre
200 g de farine
6 belles poires

INSTRUCTIONS

30 min. cuiss. | 10 min. prep.

Préchauffez le four à 180°C.
Épluchez et découpez les poires en gros morceaux puis placez-les dans un plat allant au four.
Mélangez le beurre, le sucre et la farine de sorte à avoir une pâte et émiettez-la au-dessus des pommes. Mettez à cuire pendant 30 min. Laissez refroidir 15 min et servez avec une boule de glace.

À déguster avec une Delorean (bière NEIPA) ou avec une Placebo IPA (bière IPA sans alcool).

PUDDING COLLANT AU TOFFEE ET À LA TÉNÉBREUSE

Un dessert riche et réconfortant qui sent bon l'Angleterre. Entre caramel fondant et texture moelleuse, ce pudding annonce les soirées d'hiver et les repas de fête. Une douceur qui réchauffe (le cœur) autant qu'elle régale.

INGRÉDIENTS

4 PERS.

Pudding collant

90 g de beurre à température ambiante, plus un petit peu pour le plat
190 g de dattes dénoyautées et hachées
1/2 c. à c. de bicarbonate de soude
180 g de cassonade
2 œufs
180 g de farine tamisée
22 g de poudre à lever
Crème caillée ou clotted cream

Sauce toffee

200 g de cassonade
45 ml de Ténébreuse (bière Stout)
45 ml de crème liquide entière
125 g de beurre doux

INSTRUCTIONS

35 min. cuiss. | 25 min. prep.

Le pudding

Préchauffez le four à 160°C et beurrez un plat à four carré de 18 cm de diamètre. Chemisez-le avec du papier cuisson.

Dans un cul-de-poule, mettez les dattes avec 30 cl d'eau bouillante, ajoutez le bicarbonate, couvrez et laissez reposer 10 min. Mettez le beurre dans un bol, ajoutez la cassonade et mélangez à vitesse moyenne jusqu'à obtention d'un mélange pâle et gonflé. Incorporez ensuite les œufs l'un après l'autre, puis la farine tamisée. Écrasez les dattes au mixer et ajoutez-les à la pâte à gâteau. Versez la pâte dans le plat et faites cuire 25 à 35 min. Sortez le gâteau du four et démoulez-le après 2 ou 3 min.

La sauce toffee

Mettez la cassonade dans une casserole, faites cuire doucement jusqu'à obtenir une légère caramélisation. Ajoutez le reste des ingrédients, prolongez la cuisson pendant 2 min en remuant pour obtenir une sauce bien lisse.

Le dressage

Versez la sauce toffee sur le gâteau démoulé et servez avec de la crème caillée ou clotted cream.

CRÈME BRÛLÉE À LA HOULEUSE

Un dessert classique, mais pas comme les autres. La Houleuse, notre bière blanche, lui apporte des notes délicates qui réveillent sa douceur crémeuse. Impossible de s'arrêter à une seule cuillère.

INGRÉDIENTS

4 PERS.

6 jaunes d'œufs
35 cl de crème liquide
20 cl de Houleuse (bière blanche)
60 g de cassonade et 6 c. à s. pour caraméliser
20 g d'aspérule odorante ou 1 c. à c. de vanille

INSTRUCTIONS

30 min. cuiss. | 15 min. prep.

La crème brûlée
Préchauffez le four à 180°C.
Fouettez vivement les jaunes d'œufs et le sucre jusqu'à ce que le mélange blanchisse et mousse.

Portez à petite ébullition la crème et la bière et laissez infuser l'aspérule dans ce mélange. Filtrez au bout de 5 min pour enlever les feuilles d'aspérule.
Versez le liquide qui doit être chaud sur les jaunes et le sucre sans arrêter de fouetter.

Répartissez la crème dans des ramequins que vous placerez dans la lèchefrite du four remplie, à moitié, d'eau. Baissez le four à 160° C et enfournez environ 30 min. Laissez revenir à température ambiante avant de réserver au frigo.

Le dressage
Au moment de servir, saupoudrez chaque crème d'une cuillerée à soupe de cassonade.

Caramélisez la surface au chalumeau ou au four, position gril, en les plaçant le plus haut possible pour que ça caramélise vite, sans trop chauffer la crème. Cela doit se déguster froid avec le dessus croustillant !

Maison

GÂTEAU À LA VAPEUR À LA PURÉE D'OLÉAGINEUX

Pour les amateurs de desserts peu sucrés, voici le parfait gâteau. Le sésame et les graines (riches en bienfaits) apportent une texture moelleuse et un goût unique. Un régal à essayer absolument !

INGRÉDIENTS

4 PERS.

250 g de purée d'oléagineux (sésame noir, sésame blanc, noisette, amande...)
4 œufs
100 g de sucre
200 ml de crème 35 %
80 g de farine de riz (sans gluten) ou farine fleur
60 g de beurre ou de l'huile neutre
1/2 sachet de levure
Une pincée de sel

INSTRUCTIONS

45 min. cuiss. | 15 min. prep.

Dans un bol, mettez la farine, la levure chimique et une pincée de sel. Fouettez pour bien mélanger.

Dans un autre bol, délayez la purée d'oléagineux avec les œufs puis ajoutez le beurre préalablement fondu jusqu'à ce que le mélange soit bien crémeux. Ajoutez la crème au fouet.

Versez la préparation dans le premier bol avec le mélange sec, bien mélangez puis versez le tout dans un moule en ne dépassant pas les bords du moule (car cela va gonfler !)

Faites cuire dans un panier vapeur 45 min ou 50 min à 180°C dans un four normal.

Laissez refroidir avant de le servir avec une Chameau (bière ambrée).

GUIDE DES RESTAURANTS DE GENÈVE

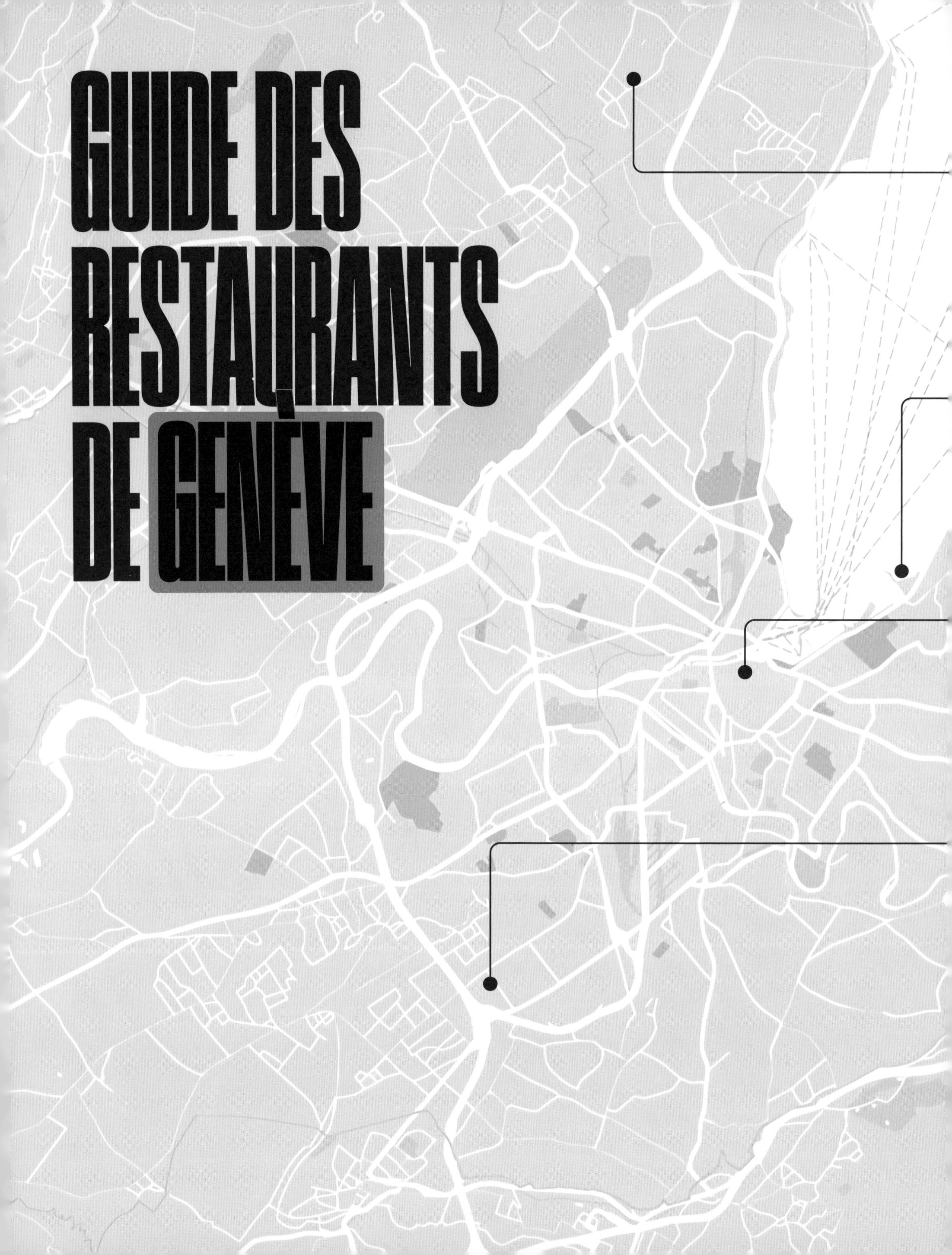

PAGE 16

LA RÔTISSERIE DE LA FERME

Rte de l'Etraz 3
1239 Collex-Bossy

PAGE 108

LE RESTAURANT DE LA PLAGE

Quai Gustave-Ador 75
1207 Genève

PAGE 114

SMOK'ED

Rue de la Madeleine 8
1204 Genève

PAGE 110

LE TOURBILLON

Rte de la Galaise
21B/6e étage
1228 Plan-les-Ouates

Remerciements

Ce livre, c'est avant tout une histoire de passion (pour la nourriture et la bière) et de bonne humeur. Rien de tout cela n'aurait été possible sans toutes les personnes incroyables qui ont accepté de participer à cette aventure un peu folle.

Merci à tous les restaurateur·rice·s et chef·fe·s.

Un énorme merci à Marguerite Galley pour la création de plusieurs recettes, à Jean-Pierre Tanous et Michael Peyssonneaux de la Rôtisserie de la Ferme pour leur savoureuse tarte aux pommes au caramel, à Axel Bovet du Diapason pour son original œuf poché à la Chameau, à Randy Schaller du Vestibule pour ses cocktails inoubliables, et à Zizou du Chasseur pour ses cocktails pleins de caractère.

Merci également à Julien Verhaeghe du Cep d'Or pour ses croquants de fondue, Tristan Jaensch de Old Inn pour son audacieux Scotch egg au jalapeño, et Marion Diserens et son chef de cuisine de Smaggy Burger pour leurs tenders de poulet irrésistibles.

Un grand merci à Rachel Vez du Bar Le Bout du Monde pour son trio d'apéritifs, à François Grognuz et Renaud Meichtry de la Brasserie de Montbenon pour leur délicieuse salade de féra fumée, et à Eftychia Nassioka, Eliza Salamin et Kevin Barnes de Tibits pour leur fameux Bao burger.

Nous n'oublions pas Louise Bonnet et Valdrin Azemi de NOOBA pour leur burger à l'effiloché de poulet, Mathieu Morel de L'Unique pour son jarret de veau braisé, ni Jean-Briac Monboussin du Restaurant de la Plage pour sa carbonade végétale.

Merci aussi à Elodie Schenk du Tourbillon pour son élégant filet d'agneau, à Manuel Faria et Vasco Gamboni de Fischstübli Erlenbach pour leur savoureux poulpe au four, et à Edward de SMOK'ED pour son spectaculaire tomahawk.

Sans oublier Frédéric Pichon de l'Auberge communale de Puidoux pour son pain à la bière, Yohann Gsponer et Thomas Jimenez de Tout un monde pour leur délicate verrine aux pommes, et Philippe Verdan et Philippe Patruno de la Demi-Lune pour leur pudding collant à la Ténébreuse.

Remerciements également à toutes les personnes de Dr. Gab's qui ont créé une recette mais aussi :

À notre collègue Stéphane Devanthéry (dit LeChat) pour ses nombreuses recettes. À Perrine, Henri et Thibaut de la team marketing pour l'organisation, la prise de contact et la mise en page, et à Sarah Jaquemet pour ses photos incroyables qui donnent vie à chaque recette.

À nos trois co-fondateurs, David, Reto et Gabriel, d'avoir cru en ce projet et de nous avoir donné carte blanche.

Un immense merci également à Guillaume Long, qui a compris nos besoins à 100% et dont l'illustration en couverture a su donner une identité unique et gourmande à ce livre.

Finalement, ce projet n'aurait pas pu voir le jour sans le soutien des Éditions Favre qui ont cru à cette idée farfelue qui nous sort de notre zone de confort.

À vous tous, ce livre vous doit tout. Vous y avez mis vos idées, vos saveurs, et votre passion... et ça se sent à chaque page.

Éditions Favre SA

Siège social et bureaux
29, rue de Bourg
CH-1003 Lausanne
Tél. : (+41) 021 312 17 17
lausanne@editionsfavre.com
www.editionsfavre.com

Groupe Libella, Paris

Distribution/Importation France, Belgique, Canada :
Interforum
92 Avenue de France
F-75013 Paris
Contact.clientele@interforum.fr

Distribution Suisse :
Office du livre de Fribourg
Route André Piller
CH-1720 Corminbœuf

Dépôt légal : octobre 2025
Rang : 01
Imprimé en France par Sepec - 00432250805

Mise en pages : Thibaut Hilaire
Coordination: Perrine Mesot
Photographie : Sarah Jaquemet
Couverture : Guillaume Long

ISBN : 978-2-8289-2276-4

Les Éditions Favre bénéficient d'un soutien structurel de l'Office fédéral de la culture pour les années 2020-2025.

IMPRIM'VERT®